墨香财经学术文库

“十二五”辽宁省重点图书出版规划项目

A Computer-aided Study on English Translation of Chinese Classics

计算机辅助典籍英译研究

姚振军 ◎ 著

东北财经大学出版社
Dongbei University of Finance & Economics Press
大连

图书在版编目（CIP）数据

计算机辅助典籍英译研究 / 姚振军著. —大连 : 东北财经大学出版社，2020.5
（墨香财经学术文库）
ISBN 978-7-5654-3857-8

Ⅰ. 计… Ⅱ. 姚… Ⅲ. 古籍-英语-自动翻译系统-研究 Ⅳ. ①G256.1
②TP391.2

中国版本图书馆CIP数据核字（2020）第069893号

东北财经大学出版社出版发行
大连市黑石礁尖山街217号 邮政编码 116025
网 址：http：//www.dufep.cn
读者信箱：dufep @ dufe.edu.cn
大连永盛印业有限公司印刷

幅面尺寸：170mm×240mm 字数：172千字 印张：12.25 插页：1
2020年5月第1版 2020年5月第1次印刷
责任编辑：李 彬 责任校对：石建华
封面设计：冀贵收 版式设计：钟福建
定价：48.00元

教学支持 售后服务 联系电话：（0411）84710309
 举报电话：（0411）84710523
如有印装质量问题，请联系营销部：（0411）84710711

序

我怀着极大的兴趣读了姚振军博士的专著《计算机辅助典籍英译研究》，有两点感受比较深。第一是他使用知识本体（ontology）的方法，对典籍中的文化负载词进行了梳理，建立了相应的概念系统。第二是他采用统计机器翻译（statistical machine translation）的方法基于汉英双语平行语料库进行了典籍机器翻译实验。

首先谈知识本体的问题。

如果我们对一个领域中的客体进行分析，找出这些客体之间的关系，获得了这个领域中不同客体的集合，这一个集合可以明确地、形式化地、可共享地描述这个领域中各个客体所代表的概念的体系，它实际上就是概念体系的规范，这样的概念体系规范就可以看作这个领域的“知识本体”。

人们很早就开始研究知识本体。

《牛津英语词典》给知识本体下的定义是“对于存在的研究或科学”（the science or study of being），这个定义显然是非常宽泛的，因为它试图研究存在的一切事物，为存在的一切事物建立科学。不过，这个定义确实是关于知识本体的经典定义，它来自哲学研究。

什么是事物（things）？什么是本质（essence）？当事物发生改变时，本质是否仍然存在于事物之中？概念（concept）是否存在于我们的心智（mind）之外？怎样对世界上的实体（entities）进行分类？这些都是知识本体要回答的问题，所以，知识本体是“对于存在（being）的研究或科学”。

远在古希腊时代，哲学家就试图研究当事物发生变化的时候，如何去发现事物的本质。例如，当植物的种子发育变成树的时候，种子不再是种子了，而树开始成为了树。那么，树还包含着种子的本质吗？希腊哲学家巴门尼德（Parmenides）认为，事物的本质是独立于我们的感官的，种子在表面上虽然变成了树，但是它的本质是没有改变的，所以，在实质上种子并没有转化为树，只不过是我们的感官原来感到它是种子，后来感到它是树。

古希腊哲学家亚里士多德（Aristotle）认为，种子只不过是还没有完全长成的树，在发育过程中，树的本质并没有改变，只是改变了它存在的形式，从没有完全长成的树（潜在的树）变成了完全长成的树（实在的树）。种子和树的本质都是一样的。

知识本体就是要研究关于事物的本质的问题。亚里士多德把存在（being）区分为不同的模式，建立了一个范畴系统（system of categories），包含的范畴有10个：substance（实体）、quality（质量）、quantity（数量）、relation（关系）、action（行动）、passion（感情）、place（空间）、time（时间）、主动（active）、被动（passive）。这个范畴系统是最早的概念体系。

1613年，德国哲学家郭克兰纽（R. Goclenius）在他用拉丁文编写的《哲学辞典》中，把希腊语的on（也就是being）的复数onta（也就是beings）与logos（含义为“学问”）结合在一起，创造出ontologia这个术语。ontologia也就是英文的ontology，这是西方文献中最早出现ontology这个术语。1636年，德国哲学家卡洛维（A. Calovius）在《神的形而上学》中，把ontologia看成“形而上学”（metaphysica；英文为metaphysics）的同义词，这样，他便把ontologia与亚里士多德的“形而上学”紧密地联系起来了。法国哲学家笛卡尔（R. Descartes）更是明确地把研究本体的第一哲学叫作“形而上学的ontologia”，这样，ontologia便成为形而上学的一个部分了。德国哲学家莱布尼兹（G. von Leibniz）和他的继承者沃尔夫（C. Wolff）则从学科分类的角度，把ontologia归属为形而上学的一个分支，使ontologia成为哲学中一个相对独立的分支学科。ontologia这个术语，在哲学中翻译为“本体论”，在自然语言处理中，从应用的角度出发，我们把它翻译为“知识本体”。

1991年，美国计算机专家尼彻斯（R. Niches）等在完成美国国防部高级研究计划局（Defense Advanced Research Projects Agency，DARPA）的一个关于知识共享的科研项目中，提出了一种构建智能系统方法的新思想，他们认为，构建的智能系统由两个部分组成，一个部分是“知识本体”（ontology），一个部分是“问题求解方法”（Problem Solving Methods，PSMs）。知识本体涉及特定知识领域共有的知识和知识结构，它是静态的知识，而PSMs涉及在相应知识领域进行推理的知识，它是动态的知识，PSMs使用知识本体中的静态知识进行动态的推理，就可以构建一个智能系统。这样的智能系统就是一个知识库，而知识本体是知识库的核心，这样一来，知识本体在计算机科学中就引起了学者们的极大关注。

在20世纪末和21世纪初，知识本体的研究开始成为计算机科学的一个重要领域。它的主要任务是研究世界上的各种事物（例如，物理客体、事件等）以及代表这些事物的范畴（例如，概念、特征等）的形式特性和分类。计算机科学对于知识本体的研究当然是建立在上述的经典的知识本体研究的基础之上的，不过，有了很大的发展。因此，学者们重新给知识本体下了定义。

在人工智能研究中，格鲁伯（Gruber）在1993年给知识本体下的定义是：“知识本体是概念体系的明确规范（An ontology is an explicit specification of conceptualization）。”

这个定义比较具体，也比较便于操作，在知识本体的研究中广为传播。

1997年，波尔斯特（Borst）对格鲁伯的定义做了很小修改，提出了如下的定义："知识本体是可以共享的概念体系的形式规范（Ontologies are defined as a formal specification of a shared conceptualization）。"

1998年，斯图德（Studer）等在格鲁伯和波尔斯特的定义的基础上，对知识本体给出了一个更加明确的解释："知识本体是对概念体系的明确的、形式化的、可共享的规范（An ontology is a formal explicit specification of a shared conceptualization）。"

在这个定义中，"概念体系"是指所描述的客观世界的现象中有关概念的抽象模型；"明确"是指对于所使用的概念的类型以及概念用法的约束都明确地加以定义；"形式化"是指这个知识本体应该是机器可读的；"共享"是指知识本体中所描述的知识不是个人专有的而是集体共有的。

具体地说，如果我们把每一个知识领域抽象成一个概念体系，再采用一个词表来表示这个概念体系，在这个词表中，要明确地描述词的含义、词与词之间的关系，并在该领域的专家之间达成共识，使得大家能够共享这个词表，那么，这个词表就构成了该领域的一个知识本体。

知识本体已经成为提取、理解和处理领域知识的工具，它可以被应用于任何具体的学科和专业领域，知识本体经过严格的形式化之后，借助计算机强大的处理能力，可以对人类的全部知识进行整理和组织，使之成为一个有序的知识网络。

本书梳理了典籍英译的概念，从"经、史、子、集"的角度对典籍进行分类，并且将其对应的英译按照现代文体分类法也进行分类，构建了典籍英译的汉英双语知识本体模型，使用Protégé本体编辑工具对典籍中的文化负载词进行编辑，通过人工的修改和完善，生成最终的典籍英译批评领域知识本体。这样的领域知识本体，便于研究人员查询和检索，为典籍英译的研究提供了方便。我认为，这是本书最重要的特色。

本书还采用统计机器翻译的方法，基于汉英双语平行语料库进行了典籍机器翻译实验。统计机器翻译是一种基于经验数据的机器翻译，经验数据是机器翻译系统的知识来源。为此，姚振军博士建立了《道德经》中文本和现有对译英文本的双语平行语料库，从语料库中获取翻译知识，取得了较好的翻译效果。这个统计机器翻译系统可以在提供多个译本的网站中找出使用者所喜欢的译文，实际上就是一个个性化的机器翻译推荐系统。

本书的这种研究是计算机辅助翻译研究在典籍英译工作中的一个新的尝试。我认为，这是本书的另一个特色。

当今的世界已经进入文化多元与话语多极的时代，不同国家和不同民族文明的交流越来越广泛，越来越迅速。中国的传统文化蕴藏着解决当今人类所面临的诸多难题的重要启示，把中华文化的典籍翻译成英语，让世界其他国家和民族更加客观、更加全面地认识中国，了解中华民族的过去和现在，了解中国人民的精神世界，这对于推动不同文明之间的交流具有重要的意义。我相信，本书的出版一定会对中华文化的对外传播起到积极的推动作用。

冯志伟

2020年2月

前言

典籍英译属于翻译学科的一个新的分支，目的是把中国典籍翻译成英语。中国的典籍在西方的译介和传播无论在数量还是在质量方面都获得了很大提高。与此同时，典籍英译的翻译批评也取得了长足进步。诸多翻译批评的理论被应用到典籍英译的批评和研究中，新老翻译家也根据典籍英译的特点提出了非常具有操作性的翻译标准。典籍英译的翻译批评在定性研究方面已经成绩斐然，定性与定量相结合的研究方法会使得典籍英译的批评更加科学、公正和客观。

本书以描述翻译学理论为依据，构建了描述性翻译批评的理论框架，通过构建基于文化负载词的典籍英译的领域双语本体，实现典籍英译批评中的定性研究和定量研究相结合，从而使得批评的观点更加科学和客观。该本体以文化负载词为实例，同时通过各种属性显示译者、译本、底本等描述性翻译批评的定量信息，在注释取值中也可显性地表示出典籍英译批评中的定性标准，从而为批评者进行描述性的批评提供参照。

研究主要内容如下：

第一，厘定典籍英译的概念，并梳理其分类和构成，从“经、史、子、集”的角度对典籍进行分类，将其对应的英译按照现代文体分类法进行分类，构建了典籍英译的双语本体模型。

第二，在对照广义翻译批评的基本要素和视角的情况下，得出典籍英译批评的主体、客体和参照系，进而构建其领域双语本体模型。

第三，使用Protégé本体编辑工具进行编辑，通过人工的修改和完善，生成最终的典籍英译批评领域本体。在本体的构建中，以典籍中的文化负载词为实例。

第四，在本体的扩充方面，利用正则表达式的文本匹配优势，自动完成从现有的异构的典籍英译文献中抽取中国文化负载词以及与之对应的英文翻译，抽取双语对齐的概念对，扩充本体中的概念集。在使用正则表达式实现文化负载词抽取的过程中，本书通过简化正则表达式规则来提高正则表达式运行效率，通过设计正则表达式生成器来降低正则表达式的使用难度。

第五，将本双语领域本体应用于《道德经》的描述性批评中，在该本体中以《道德经》中的文化负载词为本体中的实例，通过对实例进行取值约束，形式化地显示译者的目的和具体翻译方法等翻译批评描述性信息，为量化的、可操作的典籍英译批评提供参照。

第六，研究以《道德经》现有英译本为训练集，进行基于短语的面向古汉语到英语的统计机器翻译研究，通过对比以字为古汉语基本词汇单位和以短语分词的结果为词汇单位的机器翻译的译文BLEU值，发现在《道德经》英译中基于短语的统计机器翻译具有一定优势。进一步研究发现，将统计机器翻译及其自动评测技术应用于同一典籍的多译本比较具有较好的效果。

第七，在引入本体技术的情况下，通过面向互联网的语料本体的构建实现自动化构建大规模双语平行语料库的可行性。基于本体的语料库构建主要有语料本体抽取和语料本体对抽取语料的推理归类处理两个关键部分。鉴于语料本体抽取尚处于算法分析阶段，本书主要通过本体对抽取语料的自动化归类处理来验证语料库构建的可行性。

典籍英译翻译批评领域中的专业知识是本书研究的基础，在描述翻译学视野下，基于汉英双语对照的文化负载词的典籍英译批评领域的本体的建立，可以为典籍英译翻译批评提供一定的量化依据，以便更加客观、科学地以实证的方法来描述同一典籍不同英译本多方面的异同。

以目前的技术条件，将自动的机器翻译和现有辅助翻译系统应用于典籍英译的实践还有很多实际困难，甚至会备受怀疑和诟病。面向典籍英译的机器翻译可以满足目标读者对尚无人工译本的典籍的基本了解，而且随着技术的不断进步和语料的丰富，机器翻译也将会对典籍英译事业起到更大的辅助作用。本书未来将更加深入地研究如何使本体技术更加有效地应用于典籍英译的计算机辅助研究中。

本书系作者的首部学术专著，是在本人博士论文基础上做了一定的修订与补充而形成的，由于攻读博士期间知识储备有限，研究尚属于探索阶段，而本书学科交叉性实属因在理工科大学攻读博士的特定条件所致，本人在计算机应用技术方面的基础薄弱，研究过程中一直在竭力寻求计算机辅助与翻译研究之间的平衡，但难免顾此失彼。

本书的顺利完成与出版离不开多方帮助。感谢我的恩师汪榕培先生，师从先生是命运的垂青，感谢恩师不仅以严师身份授我以文，还慈父般教我做人之道，谨以本书告先生。

感谢我的博士后导师王寅教授和张克定教授，感谢二位恩师多年的谆谆教诲。

感谢我的家人，感谢妻子王卉和我的宝贝儿子姚正对我的支持与陪伴。

感谢我在大连理工大学读博期间的所有的老师和同学，特别感谢曾与我共同发表论文的黄德根教授、霍跃红教授、郑旭红老师、纪翔宇同学、徐鹏涛同学和王继升同学，感谢各位对本书部分章节实验与数据的共享。

感谢东北财经大学为我求学与研究提供的优越学术环境和物质支持，感谢胡英坤教授、宫桓刚教授、卢长怀教授、贾秀海教授以及同事们的长期帮助。衷心感谢车丽娟教授为本书出版悉心的指导与帮助。特别感谢东北财经大学出版社的领导与编辑的辛苦工作。

因作者水平有限，书中可能存在一定的缺陷和不足，恳请专家学者不吝斧正与赐教。

作　者

2020年2月于大连

目录

第一章　计算机辅助典籍英译的缘起、现状与路径

第一节　计算机辅助典籍英译研究的缘起

在世界多极化、文化多元化的经济全球化新时代，伴随着日益深入的国际交流，我们在不断了解和吸收各国优秀文化和先进科技的同时，还应当大力继承和发展中华民族的优秀传统文化，让世界真正了解中国。在这样的形势下，典籍英译的意义不言而喻。“对于弘扬民族文化、促进东西方文化融合、保持中国固有的文化身份来说，典籍英译有着十分重大的现实意义”。（卓振英，2002）在谈及庄子英译时，江榕培（1997）指出：如果说庄子及其著作既属于东方又属于世界，那么我们有义务把庄子其人和其书的真实面貌介绍给西方，让庄子真正从东方走向西方，使中华优秀传统文化的这颗璀璨的明珠在世界发出更加绚丽的光彩。

李淑杰（2009）认为中国文化典籍是中国传统文化全面、集中的体

现，因此对其翻译应兼顾文本与文化，尤其是传统文化负载词的译介是典籍翻译成功的关键之一。本书从现有典籍英译电子文本和典籍英译翻译批评的发表文献中发现和抽取中国文化负载词，经过人工校验、筛选和增删来构建领域本体中的概念集，以文化负载词的不同英译作为本体中的实例，同时以翻译批评中的核心概念作为属性，构建典籍英译翻译批评的领域本体。

本体是共享概念模型明确的形式化规范说明，其中包含概念模型、明确、形式化、共享四层含义。由于本体可以被用来描述某个领域或者范围内的概念以及概念与概念之间的关系，这些信息在共享时具有大家共同认可的、明确的、唯一的定义，所以在信息检索中可以帮助人们在统一、规范的信息系统中高效地检索到有用的信息，在知识共享方面，典籍英译翻译批评的领域本体的构建可以实现中国文化负载词的不同英译的检索，同时提供基于语义的译文词条推荐，建立基于本体的汉英双语中国文化术语词典，从而加速中国文化术语的国际化和标准化；在知识重用方面，典籍英译翻译批评领域本体可以客观、量化地反映出在本体构建中所赋予概念、术语的各种属性，通过对翻译批评要素的各种属性的调用，可以进行自动、量化的基于语义的翻译评价深入研究。

中国典籍是中国传统思想和文化的结晶，它们的对外译介对于向世界人民介绍华夏文明，在全球化的时代一方面保持中国固有的文化身份，另一方面使中国文化和西方文化进行平等对话，促进中西文化的交融和互补，具有深远的历史意义和重要的现实意义。在21世纪，伴随着中国综合国力和国际影响的日益增长而来的，将是华夏文化的又一次辉煌。

在这个大背景下，中国典籍在世界上将更加受到关注，它们的对外译介也将愈益显示出其重要性。典籍英译的实践活动日益活跃，大量典籍英译作品随之诞生，译者队伍也逐渐壮大；典籍英译的理论研究也渐入佳境，专门从事典籍英译的理论研究的学者越来越多，典籍英译的翻译批评的研究自然就有了越来越大的空间和更多的研究对象。

“文化负载词”（culture-loaded terms）是指标志某种文化中特有事

物的词、词组和习语。这些词汇反映了特定民族在漫长的历史进程中逐渐积累的、有别于其他民族的、独特的活动方式（廖七一，2000）。富有民族性的文化典籍中包含大量的文化负载词，文化负载词是标志民族文化的突出代表。文化负载词是典籍英译中的重点和难点，因此，典籍英译中文化负载词的不同处理方法可以反映整个译本的翻译质量、翻译方法以及翻译目的等信息，这些信息也恰恰是描述翻译学视野下的描述性翻译批评的核心内容。

本体的概念起源于哲学领域，是概念模型明确的规范说明（Tran，2008）。它在人工智能、知识工程、语义网等领域所起的作用得到了广泛的认可。本体构造方法的研究是目前世界上一个重要的研究课题。邢军（2008）认为构建本体可以使用户间或软件代理间达成对于信息组织结构的共同理解和认识，可以复用专业领域知识，使专业领域内的假设变得更加明确，将专业领域知识从知识管理的环境中剥离出来，并且可以分析专业领域的知识体系结构。这项研究对本体的推广和广泛应用具有重要的实际意义。

Fensel（2001）在对本体的定义进行分析后认为本体的概念包括四个主要方面：概念化（客观世界的现象的抽象模型）、明确性（概念及它们之间的联系都被精确定义）、形式化（精确的数学描述）和共享性。本体中反映的知识是其使用者共同认可的。

陈小宾（2009）将本体的作用总结为以下五方面：

（1）本体的分析澄清了领域知识的结构，从而为知识表示打好基础。

（2）提供领域内共享的概念词汇，是用户和系统以及系统内不同处理单元语义统一的基础。

（3）提供概念词汇之间的语义关系，为领域内的语义处理提供帮助。

（4）本体可以重用，从而避免重复的领域知识分析。

（5）本体方法有较好的哲学和认知学科的理论基础，易于掌握领域内实体间的本质关系，建立正确的领域概念模型。

“基于文化负载词的典籍英译批评的领域本体”旨在充分利用本体

在术语和概念等方面的优点，力争使现代信息技术服务于悠久的以文化典籍为代表的灿烂的中华文明，计算机应用技术可以更加高效地发现和条理化、形式化地表示中国文化负载词，更好地服务于国家文化发展战略。同时，在描述翻译学视野下，典籍英译翻译批评领域的本体的建立，可以为典籍英译翻译批评提供一个新的翻译批评的参照，以便于更加客观、科学地以实证的方法来描述同一典籍不同译本多方面的异同。

第二节 计算机辅助典籍英译研究的现状

“文化负载词”也称“文化术语”或“文化局限词”（李文革，2000），在翻译过程中和翻译批评研究中都具有举足轻重的地位。随着翻译的文化转向过程中对文化资本的日益重视，学界展开了大量的关于文化负载词翻译的研究，其中不乏关于典籍英译名家对文化负载词翻译的处理方法研究。本书通过对中国学术前沿期刊网中的“文学研究前沿”部分的数据库进行检索，发现和抽取概念，建立典籍英译概念集模型，从而完成典籍英译翻译批评领域本体的半自动构建和扩展。

近年来，在计算机科学中关于本体的研究越来越多。本体从哲学上讲，试图从事物的本质上来描述客观世界，但从目前的方法上讲，是试图通过描述概念以及概念之间的相互关系来表达客观世界的。目前本体已经被广泛应用在语义、智能信息检索、信息集成、数字图书馆等领域（陈小宾，2009）。

本体构建工具，从最早的 Ontolingua，Ontosaurus，Webonto，Webode，Oiled，到 Ontoedit，以及 Kaon 等，从 Protege200 到 Protege4.0，日趋成熟。这些工具提供了友好的图形化界面和一致性检查机制。借助这些工具，用户可以把精力集中在本体内容的组织上，而不必了解本体描述语言的细节，而且避免了很多错误的发生，方便了本体的构建。本体定义了用于描述和表示领域知识的术语，它用于人、数据库和应用之间共享信息，是实现语义的关键。它通常表达为一组对象（概念）、关系、函数、定理和实例。本体中的概念通过应用继承机制以层次化方式组织；关系代表领域概念之间的一类相互作用；函数是关系的一种特例；公理用于永为真的句子的建模；实例用于代表元素。本体通常以基于逻辑的语言来表示，因此可在类、属性和关系之间做出详细、准确、一致且完备的区别。一些本体工具采用本体论进行自动推理并为智能应用提供高级服务（邢军，2008）。

本体研究虽然并非始于计算机研究领域，但是自20世纪90年代以来，随着知识共享、信息集成、语义和服务等技术的快速发展，本体研究在计算机领域备受关注，并逐渐成为研究的前沿和热点。本体是一个多领域交叉的概念，本体研究既包括对本体自身各种技术的理论研究，也包括本体与其他具体研究领域相结合的应用研究。本体已经成为人工智能和知识工程中一种重要的工具，在知识的获取、表示、分析和应用等方面具有重要的意义（邢军，2008）。

本体研究促进知识工程中对本质知识的获取。知识工程的研究方向主要包含知识获取、表示和推理方法等，其研究目标是挖掘和抽取人类知识，用一种特定形式表示这些知识，使之成为计算机可操作的对象，从而使计算机“具有”一定的智能。知识是知识工程研究的焦点，是计算机实现智能的基础。而本体研究实体的存在性和实体存在的本质，这是深层上的知识，是本质上的知识。对这部分知识的获取、表示、分析和应用也是知识工程的重要内容。因此，本体把知识工程研究中的知识向更深入、更本质的方向推进。

本体研究实现显式地表示出领域知识和领域假设。领域知识包括领域概念、概念的性质、概念之间的关系、概念之间的一般规律等。领域本体的研究要求根据概念之间的类属关系显式地建立概念之间的联系，明确定义概念所具有的属性、属性的取值约束、处理过程、概念之间的关系等。领域本体还要求明确定义出概念内部或者概念之间的公理，以表示领域内的一般假设或者规律。领域本体的研究对在人看来一目了然的概念和概念之间的关系都形式化地加以描述，使概念之间的各种规律、联系和假设等都被显式地描述出来，这有利于全面地获取和分析并利用知识（邢军，2008）。

在典籍英译翻译批评的研究中，比较突出的问题是在翻译批评中难以有可操作的翻译批评标准或翻译批评的参照。本书以典籍中所必然包含的大量文化负载词在多译本中的不同翻译为切入点，试图借助现代信息技术条理化、形式化地表示中国文化负载词，显性地显示文化负载词之间的关系、文化负载词的英译与翻译批评要素之间的关系等。同时，在描述翻译学视野下，典籍英译翻译批评领域的本体的建立，可以为典籍英译翻译批评提供一个新的翻译批评的参照，以便更加客观、科学地以实证的方法来描述同一典籍不同译本多方面的异同。

将本体技术应用于典籍英译翻译批评研究具有如下三方面的意义：

1.本书所探索的“基于文化负载词的典籍英译双语领域本体”可以进一步丰富描述翻译学视角下的基于语料库的翻译研究的技术手段。双语领域本体是自建语料库进行翻译研究在技术上的新的尝试，在语料库研究中引入语义研究，有利于知识的共享和复用，使研究者可以在获取词频和词长等统计信息的基础上，从语义层面获取关于译本中更多的与翻译批评要素关联的信息。

2.“基于文化负载词的典籍英译双语领域本体”的探索性研究也是对典籍英译标准的有益尝试。通过本体中的文化负载词与翻译批评要素的关联，为探索可量化的、具有可操作性的典籍英译批评标准和参照的建立提供一种新的思路。以语义研究为特征的本体的构建可以实现显式地表示出领域知识和领域假设。领域知识包括典籍英译领域概念、概念的性质、概念之间的关系、概念之间的一般规律等。

3.通过本体技术与典籍英译批评的研究的结合，扩大了本体的应用领域。本书以应用为目的，有针对性地构建了“基于文化负载词的典籍英译双语领域本体”，可以随着研究的深入，通过领域专家对本体进行验证，从而从不同角度探索本体的检验标准，而“双语”是本书中领域本体的特色。典籍英译批评研究的实践，为双语领域本体研究提供了实际意义。

第三节 计算机辅助典籍英译研究的路径

本书的主要理论依据是描述翻译学。描述翻译学的翻译研究离不开语料库，基于语料库的翻译研究具有描述性的特点，基于语料库的翻译批评可以被称为描述性的批评。为了达到自建语料库进行描述性的典籍英译批评的目的，本书采用的具体技术路径如下：

1.为构建适合典籍英译批评的双语语料库，本书引入了本体技术进行语料的加工和收集，采用开源的Protégé工具进行双语领域本体的构建；通过对本领域专业知识进行系统分析和梳理，提炼出典籍英译、翻译批评、典籍英译批评研究中的核心概念，人工构建相应的本体模型，先后人工构建了典籍英译本体模型、翻译批评本体模型和典籍英译批评本体模型。

2.在本体的扩充阶段，利用计算机应用技术从文本中进行双语对齐概念对和本体映射关系的抽取，根据实际需要，先后采用了正则表达式、中文切分工具与关联分析的方法，并尝试使用领域专家所建议的C-value技术对多字符串进行抽取，通过自动加人工检验的方法扩充本体。

3.运用正则表达式对“中国学术前沿期刊网”数据库文章进行抽取的实验表明，正则表达式对特定文本类型进行匹配式抽取效率较高。本书提出根据待搜索的文本的实际情况，选择性地使用元字符，建立符合特定需要的正则表达式匹配器，在保证正确率不下降的前提下，提高抽取效率，通过对“中国学术前沿期刊网”中的“文学研究前沿”(Frontiers of Literary Studies in China）部分的数据库检索，快速地扩充双语领域本体。

4.运用中文切分工具与关联分析相结合的方法对《典籍英译研究》（一、二、三辑）进行典籍英译批评术语抽取，通过对抽取出来的翻译批评客体之一的译者信息进行分析，运用计量文献学中对核心作者的计算方法，实现核心译者的发现。本书也对领域专家所建议的C-value技术进行研究，C-value在通用性上要好于正则表达式，在抽取正确率和召回率上都会好于关联分析的频率统计法，因而，下一步将采用C-value进行多字符串抽取以便于更高效地进行双语本体的扩充。

5.以基于文化负载词的双语本体在《道德经》英译本描述性批评中的实际应用来检验领域本体在多译本评价中的知识重用方面的作用。

第二章　本体理论及相关技术

第一节　本体的基本概念、特点与应用

本体（ontology）最早是哲学上的一个概念，是对世界任何领域内的真实存在所做的客观描述，而且这种描述不一定完全建立在已有的知识基础上，还包括通过推理来获取新知识的过程。20世纪80年代以后，本体逐渐受到信息科学和计算机领域研究者的重视，在人工智能界，Neches等人最早给出了本体的定义：构成相关领域词汇的基本术语和关系，以及由这些术语和关系构成的解释这些词汇外延的规则（陈小宾，2009；邓志鸿，唐世渭，2002）。

在计算语言学、人工智能、数据库等领域，对本体定义的理解经历了一个发展过程，目前尚无一个公认的标准定义。李宏伟（2007）将国外学者的本体定义进行了汇总（见表2-1）。

本体是对某一概念化所做的一种显式的解释说明。本体中的对象以及它们之间的关系是通过知识表达语言的词汇来描述的。因此，可以通

表2-1 **本体的不同定义**

定义提出者	定义描述
Neches	组成主题领域的词汇的基本术语和关系，以及用于组合术语和关系以定义词汇的外延的规则
Gruber	是一个领域中共享的概念模型的形式化和显式的说明规范
Swartout	一个为描述某个领域而按层次关系组织起来的一系列术语，这些术语可以作为一个知识库的框架
Borst	共享概念模型的形式化规范说明
Studer	共享概念模型的明确的形式化规范说明
D. Fensel	特定领域中重要概念的共享的形式化的描述
F. Fonseca，et al	以某一观点用详细明确的词汇表描述实体、概念、特性和相关功能的理论
M. Uschold	关于共享的概念模型的协议
Guarino	是关于形式化词汇的意图含义的逻辑理论

过定义一套知识表达的专门术语来定义一个本体，以人可以理解的术语描述领域世界的实体、对象、关系以及过程等，并通过形式化的公理来限制和规范这些术语的解释与使用。其目标是捕获相关领域的知识，提供对该领域知识的共同理解，确定该领域内共同认可的词汇，并从不同层次的形式化模式上给出这些词汇（术语）和词汇间相互关系的明确定义（陈小宾，2009）。

本体的核心概念是知识共享，为某一组织或工作小组提供了一个统一框架或规范模型，减少概念和术语上的歧义，使来自不同背景，持不同观点和目的的人员之间的理解和交流成为可能，并保持语义上的一致。能够在人与软件代理之间对信息结构达成共同的认识，方便人机对话；能够使本领域的知识得到共享和重用；能够使领域内不同的系统、模型之间能够进行互操作。研究者普遍认为本体是领域（可以是特定领域的，也可以是更广的范围）内不同代理（可能是人、机器或软件系统等）之间进行交流（对话、互操作和共享等）的一种语义基础，本体通过对概念、术语及其相互关系的规范化描述，勾画出领域中的基本知识体系（陈小宾，2009）。

叶忠杰（2007）认为本体具有以下特点：

（1）本体可以在不同的建模方法、范式、语言和软件工具之间进行翻译和映射，以实现不同系统之间的互操作和继承应用。

（2）从功能上来讲，本体和数据库有些相似，但是本体比数据库表达的知识要丰富。首先，定义本体的语言在词法和语义上比数据库所能表示的信息更丰富；其次，本体提供的是一个领域严谨、丰富的理论，而不仅仅是一个存放数据的结构体。

（3）本体是领域内重要实体、属性、过程及其相互关系形式化描述的基础。这种形式化的描述可成为不同系统中可重用和共享的组件。

（4）本体可以为知识库的构建提供一个基本的结构。本体可以描述一个领域的静态实体部分，即描述事物或概念的各个组成部分以及它们之间的静态联系。本体同样也可以描述事物或概念的运动和变化，应用本体，知识库就可以运用这种结构去表达现实世界中浩如烟海的知识和概念。

（5）对知识管理系统来说，本体就是一个正式的词汇表，可以对对象知识的概念和相互间的关系进行较为精确的定义。在这样一系列概念的支持下，进行知识搜索、知识积累、知识共享的效率将大大提高，真正意义上的知识重用和共享也成为现实。目前本体已经被广泛应用在语义构建、智能信息检索、信息集成、数字图书馆等领域。

在20世纪90年代，本体的研究在计算机科学技术领域日趋流行，在知识工程、数据库设计和集成、信息检索和提取、软件需求分析、语义翻译、面向对象技术和基于代理的系统设计中扮演着越来越重要的角色（黄新艳，2006）。

随着本体在人工智能、信息检索以及知识管理等研究领域中的应用不断得到扩展，人们对本体的需求越来越强烈，这就需要有相应的工具来支持本体的开发和管理，满足人们在不同层次对本体的需求（李景，2004）。

与其他本体构建工具相比较，Protégé本体构建工具使用最为广泛。

Protégé是斯坦福大学医学院医学信息研究组开发的一个免费、开源的本体工具，它为知识工作者提供了一个可以构建领域本体的环境，协助知识工程师和领域专家完成知识管理任务，使用Java开发，可以进行扩展，现在有很多插件（plug-ins）可以扩展Protégé的功能，而且集成推理工具，可以对创建的本体进行一致性检验且支持中文。

第二节　本体层次划分

从本体构建和工程应用的角度出发，许多专家在本体的层次结构划分方面做了大量研究。Guarino（1997）以领域知识粒度层次和领域依赖程度两个维度作为本体划分的基础，粒度层次高的称为参考本体，粒度层次低的称为共享本体，依照领域依赖程度细分出顶层本体、领域本体、任务本体和应用本体四类（如图2-1所示）。

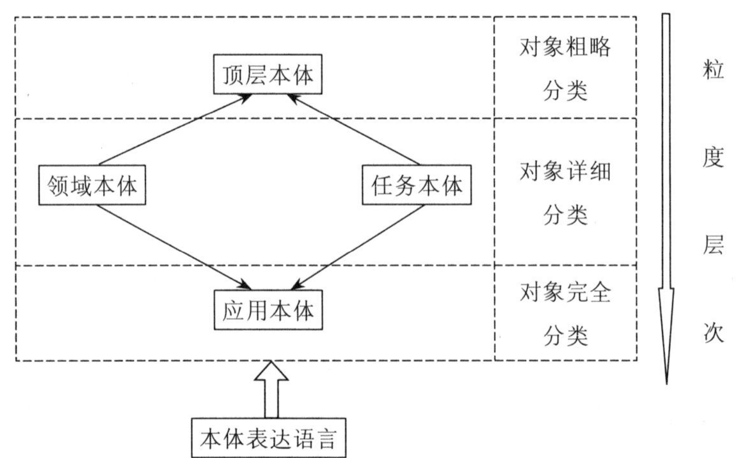

图2-1　本体的研究层次分类（据Guarino，有改动）

李宏伟（2007）对四类本体进行了如下的解释：

顶层本体：描述最普通、最通用的概念及概念之间的关系，常常是抽象术语，如空间、时间、事物、对象、事件、行为等，它们与具体的应用无关。其他种类的本体都是该类本体的特例。

领域本体：描述特定领域中的概念及概念之间的关系，如遥感、城市环境，并对领域知识结构和内容加以约束，形成特定领域中具体知识的基础。

任务本体：定义通用任务或推理活动，如水资源保护、土地利用/土地覆盖变化、影像解译等。它们都可以应用顶层本体中定义的词汇来描述自己的词汇。任务本体和领域本体处于同一个研究和开发层次。

应用本体：描述同时依赖于特定领域和任务的概念。它既可以应用涉及特定的领域本体中的概念，又可以引用出现在任务本体中的概念。

本书将重点介绍领域本体的特点。

领域本体的层次处于本体论研究的过渡层，在本体论研究中起到了承上启下的作用。在选择应用与信息系统建模的应用对象时，领域本体具有一定的优势，在此层次的概念，更适合于建模中的应用。领域本体可以在不同的建模方法、范式、语言和软件工具之间进行翻译和映射，以实现不同系统之间的互操作和继承。从功能上来讲，领域本体和数据库有些相似，但是领域本体表达的知识要比数据库表达的知识丰富得多。首先，定义本体的语言，在词法和语义上都比数据库所能表示的信息丰富得多；最重要的，本体提供的是一个领域严谨、丰富的理论，而不单单是一个存放数据的结构体。领域本体是领域内重要实体、属性、过程及其相互关系形式化描述的基础，这种形式化的描述可成为软件系统中可重用和共享的组件。领域本体可以为知识库的构建提供一个基本的结构，以描述对象的类型而言，有简单事实及抽象概念，这些可以描述成一个本体的静态实体部分，它们主要描述的是事物或概念的各个组成部分以及这些组成部分之间的静态联系；本体也可以描述事物或概念的运动和变化（尹亮，2005）。

综合分析上述四种本体层次与本书研究背景，本书采用领域本体这一本体层次进行研究。

第三章　典籍英译及其本体模型

第一节　典籍英译综述

典籍英译本体的构建的主要目的是捕获相关典籍英译的领域的知识，提供对该领域知识的共同理解，确定该领域内共同认可的词汇，并从不同层次的形式化模式上给出这些典籍英译词汇和词汇间相互关系的明确定义，从而为该领域提供语义和知识层次上描述典籍英译信息系统的概念模型与建模工具。

“典籍”可以界定为中国清代末年（1911年）以前的重要文献和书籍（汪榕培和王宏，2009）。重要文献和书籍是指中国的社会科学、自然科学等各个领域的经典作品。这就要求我们在从事典籍翻译时，不但要翻译中国古代文学作品，还要翻译中国古典法律、医学、经济、军事、天文、地理等诸多方面的作品。广义的中国典籍则是在同一时期产生于中国大地而又具有传统装帧形式的著作，它不仅涵盖中国人的著作，包括我国少数民族的经典作品，也包括了外国人在中国所写的著作。中国典籍多是用古代汉语写成，种类繁多，经史子集，浩如烟海，其中文史哲典籍占大多数。因此，中国典籍英译通常指的是通过笔译对中国典籍进行的文学英译，尤其是全文的翻译（汪榕培和王宏，2009）。

可以从不同角度定义典籍英译。典籍英译是指用英语把中国典籍准确、完整地再造出来的一种语言活动，是沟通中国人与说英语国家的人们的思想感情、传播知识和悠久中华文化、促进世界文明进步的重要手段。王宏印（2002）指出，文化典籍翻译主要指中国历史文学、哲学、史学、艺术等领域的经典著作的对外翻译（包括中国人和外国人的译作）及其翻译研究（包括文本批评研究和理论问题研究）。此定义既通俗又全面。

文艺学上的定义，指从文艺学角度来看典籍英译。中国典籍是一种艺术创作形式，要求把中国典籍翻译成英语书籍后也同样具有与原文一样的艺术感染力和效果。中国典籍英译，尤其是中国古典文学翻译，必然涉及原作的整体气氛、情感格调的把握与再现，特定上下文中诗歌韵律、修辞特征等语言艺术的方方面面。从某种角度来说，典籍英译是一门艺术的再现。

交际学上的定义，奈达从保留原作的影响角度定义翻译：首先在语义方面，其次在风格方面，翻译在于用译语中最贴切的自然对等语再现原语信息。从这种角度来看，读者反应也很重要，这一点奈达在其理论著述中经常谈到。他认为翻译服务的对象是读者，要评价译文翻译的优劣，必须看读者对译文的反应，同时把这种反应与原文读者看原文时的反应做出对比，看这两种反应是否一致。从这种意义上看，把中国典籍翻译成英语要以传递信息为主，因为古汉语的特点决定了形式或风格上难以对应（张琪，2009）。

在翻译研究中，“典籍英译”原本只是一种具体的翻译活动，其概念应该与“典籍翻译”、“文化翻译”以及“文学翻译”等概念存在上下义或意义交叉的关系。本书认为，“典籍英译”之所以成为一个独立的概念和独立的研究领域，是因为进入21世纪以来“典籍英译”的理论和实践的空前活跃。2002年首届全国典籍英译研讨会在石家庄召开，标志着中国典籍英译界构建典籍英译理论努力的开始。2003年、2004

年第二届、第三届全国典籍英译研讨会分别在苏州大学和大连理工大学召开，无论在理论方面还是在实践方面都奠定了“典籍英译”在学术研究中的地位，并逐渐使其从“典籍翻译”中分离出来，成为相对独立的研究领域。在理论研究方面，汪榕培教授主编的《典籍英译研究》第一、二、三辑相继出版，在翻译界受到广泛关注。2009年2月，汪榕培教授与王宏教授主编的《中国典籍英译》本科生教材的出版进一步明确了“典籍英译”的概念。在21世纪，经新闻出版总署（2013年改组为国家新闻出版广电总局）批准的列入国家规划重大出版工程的“大中华文库”工程为“典籍英译”的实践提供了机遇和舞台。“大中华文库”工程是我国历史上首次系统、全面地向世界推出的中国经典著作的整理和翻译的重大文化工程，也是弘扬中华文化的基础工程。迄今为止全国有20家大型出版社出版了汉英对照版“大中华文库”书籍80多种140多册，多语种书籍数十种。汪榕培教授及其弟子是汉英对照“大中华文库”的主要翻译团队之一，先后完成了《老子》《庄子》《墨子》《易经》《诗经》《汉魏六朝诗三百首》《陶渊明集》《牡丹亭》《邯郸记》《紫钗记》《茶经》《梦溪笔谈》《吴歌精华》《评弹精华》《昆曲精华》《苏剧精华》等译著，其中11种已列入汉英对照“大中华文库”并已经出版；汪榕培教授在大连理工大学、苏州大学、东北财经大学均有相关典籍翻译研究所，有博士和博士生20多人。在几代翻译家的共同努力下，“典籍英译”成为一个独立的概念和研究领域是历史的必然。

中国典籍的翻译，从16世纪末利玛窦用拉丁文翻译《四书》算起，至今已有四百余年。西方传教士对《四书》等中国经典的翻译和对中国文化的粗略介绍，在西方人眼前展现了一个十分发达的异域文明，在当时及以后一段时期引起了一场“中国热”，许多西方大思想家、哲学家、作家，如伏尔泰、狄德罗、卢梭、孟德斯鸠、魁奈、莱布尼兹、黑格尔、歌德，都深受启发和影响。四百年来，中外学者争相将中国典籍译成西方语言，译家辈出，译作如林。特别是改革开放以来，在国家新闻出版总署的统一规划和组织下，由外文出版社和湖南人民出版社等出版机构首倡，合力推出了国家重点出版工程“汉英对照‘大中华文库’”，为新时期中国典籍的对外译介做出了重大贡献。

典籍英译构成了文化传播的重要方面，对于弘扬民族文化、促进东西方文化融合、保持中国固有的文化身份来说，典籍英译有着十分重大的现实意义。《庄子》英译译者汪榕培教授（1997）认为，庄子及其著作既属于东方又属于世界，典籍英译工作者有义务把庄子其人和其书的真实面貌介绍给西方，让庄子真正从东方走向西方，使中华优秀传统文化的这颗璀璨的明珠在世界上发出更加绚丽的光彩。王宁（2000）认为：在当今这个全球化的时代，当“欧洲中心主义”的思维模式破产，文化本身已出现某种难以摆脱的危机时，西方的一些有识之士便开始逐步认识到另一种文化（东方文化）的价值和精深内涵，因而弘扬东方文化并使之与西方文化得以进行平等的对话已成为翻译工作者义不容辞的义务。因此，把东方文化翻译介绍给世界，将是一件更有意义的工作。

中华典籍的翻译一直是中西方文化交流的一个重要内容，同时也是我国历史文化传播的重要途径和手段。中华典籍不但具有重要的思想价值，而且蕴含着丰富的文化信息，从而使理解和翻译的难度相应加大。因此，将典籍中的文化信息准确而又完整地传递出来，对于弘扬民族文化，开展中西文化交流，具有重大现实意义。

汪榕培先生指出，典籍翻译是一项高投入、低产出的事业。高投入，是由典籍英译本身的特点决定的。首先是“理解”的困难。中国文字言简而意丰，中国古代的思想博大精深，有的则是深奥玄妙，甚至妙不可言，如《周易》《道德经》等，这就给当代译者正确地理解原著的意旨带来诸多困难。其次是“表达”。即便我们用现代汉语翻译这些作品时，想完美体现原文的神韵和语言的优美都存在许多不易，更何况是在两种截然不同的文字之间进行转换，其难度就更大了。很显然，典籍翻译是对译者要求极高的艺术，使一些意欲从事典籍英译的译者望而却步。低产出，是因为当今翻译作品市场上，多为迎合大众口味的作品，极少有出版社愿意出版典籍译作，因为读者群太小，其读者仅局限于研究翻译的一些学者和一部分外国读者。因此，有的典籍作品经过译者呕心沥血翻译出来，却很少有出版社问津，在很大程度上打消了典籍英译者的积极性。鉴于以上原因，愿意致力于典籍英译的译者就不可避免地减少了。杨自俭教授在谈到典籍英译问题时说，刘重德、楚至大、郭著章、汪榕培、刘士聪、冯颖新、蒋坚松、王宏印、卓振英等在这方面有很多成果……今天看来，这个队伍太小。可以说，典籍英译的人员正处于青黄不接的时刻，与中国如此浩瀚的典籍作品相比，中国能胜任典籍英译任务的译者实在太少。相关部门应该从人力、财力、物力等方面加大对典籍英译事业的投入，从思想上高度重视典籍英译（汪榕培，2006）。

第二节 典籍英译分类

为了深入研究典籍英译这一具体的翻译活动，根据不同的研究目的和研究方法，典籍英译有多种不同的分类方法。本书以构建领域本体为目的，着重梳理现有的典籍英译的分类方式，同时，根据构建领域本体的需要，对这些分类方法进行补充和调整。

张琪（2009）从语言、翻译典籍的文体特点等五个方面对典籍英译进行了分类，本书在此基础上又加上了手段上的分类方法。

从语言方面，张琪根据翻译过程将典籍英译分为语际翻译和语内翻译，其中语际翻译为主要方面。语内翻译是指译者在翻译过程中需要把古汉语译为白话文，再由白话文译为英语，或者译者把典籍译为古英语，再由其他译者把古英语译为现代英语的过程。在语言方面，从翻译活动方式来看，典籍英译可以分为笔译和口译两种，但口译相对要少得多。

典籍英译也可以从文体的角度进行分类，主要分为艺术文体和科技文体两类，之后还应该根据诸多细化的特点和原则继续进行细分。诗歌、散文、戏剧、小说等文学典籍可以被归为艺术文体，翻译过程中要求语言自然流畅、形象生动，从而保证原作的文献价值和文学价值。科技典籍和兵家典籍等属于科技文体，要求译文术语准确，语言没有歧义，应与原作有同等应用价值（张琪，2009）。

典籍英译活动的处理方式第一是全译，就是把中文典籍原文完整地翻译出来，译者不做任何添加和删减，必要时可加注释说明。第二是节译，就是译者有意识地选择原典籍中的全文或部分原文进行缩译，可以删减，但保持原文内容的完整。第三是编译，就是允许译者根据原文内容进行编辑，加入新的内容或思想，取其所需或仅仅是节省篇幅。第四是摘译，就是译者有目的地根据需要摘出原文部分章节或段落译为英文，一般是全书精彩部分或核心思想，大多数汉诗英译就是摘译。第五是辑译，就是译者把同一个作者的作品或同一中心思想的作品集中起来加以翻译，然后再编成书出版，优点是可以对一个问题从多个视角来观察，将其综合、全面地介绍给读者。第六是译述，包括两种情况：一则译者从客观的角度叙述原文；二则译者对作者的观点进行评论。

典籍英译可以由单人独立进行，完成独立翻译；也可以由多人合作进行，完成合作翻译。合作翻译又可以分为不同的情况，例如跨国合作翻译，美国康达维教授与中国袁行霈教授合作，将全套四卷本的《中华文明史》译成英文；张音南和沃姆斯利合译《王维诗》。本国人员大规模合作，包括集体讨论翻译和集体分工翻译，例如程镇球等人集体讨论翻译《毛泽东选集》等等。本国人员小规模合作，例如柳无忌和罗布正编译《葵晔集》等。

从典籍英译的手段上来说，可以分为人工翻译、计算机辅助翻译和机器翻译三类。因为随着现代信息技术的日益广泛应用，典籍英译的手段也得以丰富。

第一，典籍英译的主要手段是人工翻译，因为中国古代典籍是属于中国文化的“文化资本”的文本。巴斯奈特认为：翻译绝不是一个纯语言的行为，它深深根植于语言所处的文化之中。翻译就是文化内部与文化之间的交流，翻译等值就是原语与译语在文化功能上的等值。中国古籍具有丰富的文化内涵，翻译研究方法必然要从为人们所接受的语篇转移到文化转换。Susan Bassnett（2001）提出：文本可以分为传达信息型文本、娱乐型文本、劝说型文本和属于特定文化的“文化资本”类的文本，不同类型的文本需要不同的翻译策略。因此，典籍翻译可以归纳为通过笔译对具有“文化资本”的文本进行全文的文学翻译。

第二，计算机辅助翻译也是典籍英译的重要手段。计算机辅助翻译早在20世纪中叶就开始发展并逐渐得到广泛使用，现已成为翻译研究领域的一个新的课题（倪传斌等，2003）。而且，因特网辅助翻译已经成了翻译研究领域的一个新的热点，一些权威翻译刊物都开辟了相关栏目，同时关注和探讨这一课题的文章也日趋增多，网络技术的发展，为译者提供了一个巨型共享资料库，从中可以找到丰富的百科全书、词典和专题资源。因特网为译者提供了一个迅速、便捷的交流平台（万兆元，2008），计算机辅助翻译由此成为典籍英译的重要辅助手段之一。

第三，机器翻译也是典籍英译的一种方法。中国典籍中的文体和语言是千差万别的，有文学的，有科学的。作为中华民族宝贵的文化遗产的一部分，我国古代的典籍应该为世界人民所共享，这样的东西文化的交流会使所有人受益。在传播、交流的过程中，典籍英译势必会起到至关重要的作用。在这一方面，人工翻译已经取得了卓越的成绩，但是由于任务的繁重和对译文质量的要求，我们应该借助机器来完成其中一部分工作。另外，对于“典籍机译”，我们所持的态度不应该是盲目否定，而是勇于探索，尝试着找到“典籍”和“机译”这两个领域的结合点。针对特定科技典籍文本，机器翻译也可以成为典籍英译的一个探索的方向，从而进一步丰富典籍英译的手段，在此方面，本书作者曾论证运用“最简模式机器翻译”方法开发面向中医典籍的机器翻译系统的可行性。在该系统中，“最简模式机器翻译”指的是针对不同领域的句式和词汇的具体特点，建立相应的数据库，在充分考虑未来与其他综合型语言知识库对接的基础上，对数据进行最简单处理；数据对齐方式力争做到一一对应，通过对人工译者翻译过程建模，预见尽可能多的歧义冲突、反义冲突、异质冲突、古今冲突现象，预先设定其对齐方式。同时借助中医典籍翻译中的特殊翻译程序，采用受限语言提高译文质量。在词典管理上，力争加大词汇的信息密度以减小对计算机存储空间的占用，提高信息处理效率。面向中医典籍的机器翻译系统相对于人工翻译存在诸多的优点。首先，由于中医典籍数量大，内容繁杂，因此这项翻译工作将会是艰苦的，无论是一位译者历时很长时间完成，还是多位译者分段完成，都可能会造成术语不统一等问题。国内的知名学者曾经提出典籍的翻译应该成为一个系统，而这就要求翻译中的术语应该做到前后一致，而中医药方中的术语恰巧又是翻译中的一个难点，因为众所周知，中医药方中的术语和药材的名称实在是繁杂到了令人头疼的程度。但是，这些问题对于机器来说都不是问题，它会自动地做到完全统一。其次，中医典籍的翻译很可能是一项庞杂到让人们望而却步的工作，工作量之大，工作之复杂让人难以接受；但是机器相对于人的优势就是速度和效率，所以像这样的数量大、重复性强的工作应该由机器取代人来完成。即使现阶段得出的译文不尽完美，需要人工做一些后续编辑工作，这也是难能可贵的。最后，中医典籍的英译可以说是中医走向世界的关键一步，对传播中华传统文化以及让世界了解中国悠久的历史有着重要的意义。运用“最简模式机器翻译”方法进行面向中医典籍的机器翻译系统的开发仅仅是在机器翻译专业化方面的一点尝试，还有大量实际工作有待开展。

中国典籍在英语世界中或是直接传播，或是间接传播。从19世纪后半叶起，中国文学才被直接翻译成英语，由此译介到英国。在这之后，中国典籍作品大多是采取直接翻译成英语的形式在英语国家传播。间接传播指的是先把中国的典籍作品翻译成非英语的语言，再将这些语种转译为英语，这些语种包括德语、法语、拉丁语、意大利语、俄语、西班牙语和日语等。

《中国典籍英译》一书中对典籍英译的分类进行了论述，“典籍”主要有两个义项：一是古代重要的文献、书籍；二是法典、制度。典籍的界定为中国清代末年1911年以前的重要文献和书籍。这一分类方法主要侧重的是中国古代的文学典籍，因此将典籍分为古典散文、古典诗歌、古典戏剧和古典小说。第一，古典散文是一个内涵和外延都相当模糊的范畴，我国古代将不押韵、不重排偶的散体文章称为散文，与韵文和骈文对举；又曾将散文和诗歌并举，泛指不讲究韵律的小说及其他抒情记事之作。古典散文的英译基本原则是“传神达意”。“达意”是出发点，译者在自己的译文中必须准确地体现自己对原文文本的理解和阐释。单纯的“达意”还不够，必须是“传神达意”。“传神”既要包括传达外在的形式，也要包括传达内在的意蕴，如语篇的背景、内涵、语气乃至关联和衔接等等。古典散文英译的最高境界是再现原文的韵味。译者需要加强语言、文化和审美方面的修养，通过准确而富有文采的英文将原作的艺术内涵表现出来。第二，我国的诗歌源远流长，在不同的时代都有代表其独特风格的诗歌形式和丰富多彩的诗作。从诗歌产生和发展的历史来看，上古的谣、谚则是我国诗歌的最早源头。唐代是我国诗歌的鼎盛时代，其特点是诗作多、诗人多、风格流派多、质量高，是诗歌成就最大、收获最多的时代，出现了中国诗坛前无古人、后无来者的大诗人。宋代的诗歌亦有其独特的特点，总的倾向是喜用典故、议论过多、句法散文化等。中国古典诗歌的翻译标准应该是“传神达意”，更具体为“传神地达意”。“达意”是翻译的出发点，就是表达思想的意思，字、词、句、章各个层次都存在达意的问题。单纯的“达意”还是不够的，必须是“传神地达意”，因为“传神”是翻译文学作品、特别是诗歌作品的精髓。第三，中国古代戏剧以“戏”和“曲”为主要因素，故称“戏曲”(汪榕培和王宏，2009)。中国古典戏曲是中华民族文化的重要组成部分，其富于艺术魅力的表演形式为历代人民所喜闻乐见，而且在世界剧坛上也具有独特的地位。译戏如演戏，不同的是，演员只需要本人进入要演的角色，译者却要进入剧中所有的角色。中国古典戏剧在英美等国家的传播有三难：翻译难、表演难、接受难。针对这些问题，该文学体裁英译的原则仍然是“传神达意”。“达意”是翻译的出发点，译者在自己的译文中必须准确地体现自己对原文文本的理解和阐释。单纯的“达意”是不够的，“传神”既要包括传递外在的形式，也要包括传达内在的意蕴。第四，“小说”一词最早并非指一种文学体裁，而是那些无关大道的浅薄琐屑之谈，因而不被正史家看重，地位很低。我国古典小说的萌芽和发生最初是和古代神话、历史传说密不可分的。明代是我国古典小说全面丰收，也是小说登上艺术之巅峰的时代，其中最有成就的是四大长篇小说（《金瓶梅》、《西游记》、《水浒传》和《三国演义》）。清代小说是明代之后的又一个高峰，表现为长篇巨著和具有多种风格的好作品出现。中国古典小说具有其自身的特点，其英译也应视作一种特殊的文体来研究。中国古典小说英译中再现原文文学风格和艺术美确实是一个艰难曲折的过程。不仅涉及语言运用的艺术问题，还与语言之外的诸多文化现象有着密切的关系。从总体上说，其英译的标准仍然是“传神达意”（汪榕培和王宏，2009）。

本书将典籍英译分类的目的是构建典籍英译翻译批评的双语本体，因此本书在中文分类时采用四部分类法首先对“中国典籍”进行分类，对相对应的中国典籍英译本采用现代图书的问题分类法，按汉英两种不同分类创建的本体的类通过“概念属性”（ObjectProperty：isChineseOf/isEnglishOf）关联在一起，而非按同一种分类然后采用双语直接对齐，本书在其他双语类的对应中也采用了同样的方法。

一方面，在本体中，遵循中国传统的“经、史、子、集”的四部分类法用汉语建立本体中的类。“经”主要指儒家的典籍以及古代社会中的政教、纲常伦理、道德规范的教条等，例如《周易》《尚书》《周礼》《礼记》《仪礼》《诗经》《春秋左氏传》《春秋公羊传》《春秋谷梁传》《论语》《孝经》《尔雅》《孟子》等。“史”是各种体裁的历史著作，分为正史、编年、纪事本末、别史杂史、诏令、奏议、传记、史钞、载记、时令、地理、职官、政书、目录、史评十五类，例如，《山海经》《穆天子传》《国语》《战国策》《史记》等。“子”是诸子百家及释道宗教著作，分为儒家、兵家、法家、农家、医家、天文算法、术数、艺术、诸录、杂家、类书、小说家、释家、道家十四类。例如，《老子》《庄子》《韩非子》《淮南子》《列子》《墨子》《荀子》《孙子兵法》《吕氏春秋》等。“集”是指历代作家一人或多人的散文、骈文、诗、词、散曲等的集子和文学评论、戏曲等著作，分为楚辞、别集、总集、诗文评、词曲五类。例如，《楚辞》《六朝文契》《唐诗三百首》《古文观止》《文心雕龙》《诗品》《西厢记》《窦娥冤》《牡丹亭》等。

另一方面，在本体的英语部分的分类将沿用诗歌、散文、戏剧、小说等文学典籍的方法，另外还增加了中国古代科技典籍和中国古代兵家典籍等。在双语本体中实现的对应不仅是词与词之间的，还有文本与文本之间的。这样一来，就为多译本之间的对照批评提供了很多便利条件。

另外，在典籍英译的分类中，每种文本都将被赋予不同的维度。例如，科技文本中的医学文本将具有语言维度、医学维度和哲学维度等。语言维度的批评将关注语言是否自然流畅、生动形象；医学维度的批评将要求翻译术语的准确性和无歧义性，从而保证翻译和原作具有同等的医学价值；而哲学维度的批评将重点考察译文是否传达了中国典籍文本中的哲学思想等。由此而进行的翻译批评将会是多视角、多维度的，因而是更加全面的。

最后，在双语本体中也会包括其他的相关信息，例如，典籍英译的翻译情况中的独立翻译和合作翻译，典籍英译活动的处理方式中的全译、节译、摘译、编译、辑译、译述，中国典籍在英语世界的传播中的直接传播与间接传播等等，从而为批评者提供更多信息。

第三节　典籍英译的构成

典籍英译是21世纪中国译学的研究对象之一。典籍英译研究包括典籍英译理论、典籍英译实践、典籍英译批评和典籍英译史四大研究领域。典籍英译实践得出典籍英译批评，典籍英译批评形成典籍英译理论，典籍英译理论指导典籍英译批评，典籍英译批评完善典籍英译实践。典籍英译批评是连接典籍英译实践与典籍英译理论的纽带。典籍英译理论与典籍英译实践间是互建互构互补互彰的关系。典籍英译理论、典籍英译实践和典籍英译批评又一同构成典籍英译史（张琪，2009）。

典籍英译的研究是建立在实践的基础之上的，其首先包括典籍英译原作、译作、译者和转译作品等的研究。其次，包括复译和译作对比等领域的研究。不同译者、不同历史时期的社会需求等因素都使复译成为必然。有复译就会产生不同的译作，进而出现译作对比研究。因为有译者对译作的不断改进和不同译者对原作的不同译本使典籍英译实践不断保持生命力，从而在研究过程中，典籍英译理论研究不断发展深入。在评价与赏析译作和不同译作间进行对比之中，典籍英译批评也因此不断完善丰富（张琪，2009）。

赵文源（2006）在总结典籍英译实践时，认为典籍英译的实践之所以相对困难，是因为它涉及一个相对复杂的从语内翻译到语际翻译的过程。他认为中国典籍的英译过程是一个把古代汉语转换成现代英语的过程，而从源语（古代汉语原文）到目的语（现代英语）的转换经历了语内翻译和语际翻译两个阶段。首先进行的是语内翻译，即用现代汉语完整、准确地理解典籍的古汉语原文。这是一个在汉语系统内进行的翻译，源语是古汉语，目的语是现代汉语。第二阶段进行的是语际翻译，即用现代英语完整、准确地表达古汉语原文的现代汉语意思。这是一种跨越语种进行的翻译，源语是现代汉语，目的语是现代英语。当然，这只适合于以现代汉语为母语，同时又有能力用现代英语进行表达的译者的情况，其他情况暂不在这里讨论（如图3-1所示）。

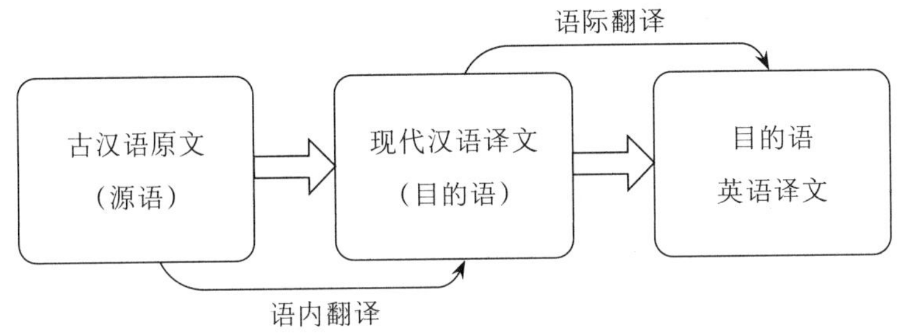

图3-1 典籍英译过程示意图

赵文源（2006）指出，从典籍英译的整个过程来看，第一个阶段的任务主要是借鉴和吸收历代善注善译的成果，完整、透彻地把握典籍。决定典籍英译质量优劣的最重要因素就在于译者对古文的理解上，即对古文的内容、词义、成语典故和风格意境等方面的理解。在典籍英译过程中的第二个阶段，译者对古文有了比较透彻的理解，接下来的任务就是要用英文准确、传神地表达典籍中的古文。

在具体翻译实践中，这种对典籍英译的语内翻译到语际翻译的翻译过程的描述存在一定问题，或者说这只是部分译者采用的典籍英译的翻译过程，而且采用这种翻译过程势必会对原典籍英译本的信息造成二次的损失。而且这样的翻译过程显然不适用于古典诗歌等文学作品的翻译，中国古典诗歌中的“三美”是无法在这种翻译过程中被准确传达的。

从译本的读者接受角度来讲，“大中华文库”等对外出版工程均采用了“文白对照”“汉英对照”形式进行典籍英译的推介。但这并不代表其译本的翻译过程。这种出版方式有助于国内外普通读者的接受，同时也为从事典籍英译专业研究的学者的深入研究提供方便。以“大中华文库”所收录的汉英对照、文白对照的《老子》为例，其英译本为韦利的版本，今译本为陈鼓应的版本，由傅惠生教授进行了校注。其中韦利的英译本最早出版于1934年，而陈鼓应的原书名为《老子译注及评介》，1970年出版，1973年第一次修订，是为第一修订版。同年长沙马王堆汉墓出土一大批帛书，其中有甲、乙本《老子》尤其引人注目，是为帛书《老子》。陈教授旅居海外，得知后，遂根据帛书做了第二次修订，由中华书局于1983年以繁体版刊行，书名不变，这是第二修订版。1993年，湖北荆门郭店村战国楚墓出土了一大批竹简，其中有三种《老子》摘抄本，辑为甲、乙、丙三组，这是目前所见最早的《老子》，比马王堆汉墓还早100多年，消息传来，震惊学界，1998年《郭店楚墓竹简》一书出版。相比帛书《老子》，郭店本又有许多不同之处，由于历史更早，显然具有极高价值，所以陈鼓应先生的书再次修订，2003年12月由商务印书馆出版发行，书名改为《老子今注今译》，是为第三修订版。“大中华文库”最终选用的应该是中华书局的今译本。由此可见，“大中华文库”版《老子》在时间上英译本在前、今译本在后。这与上述的典籍英译的翻译过程不同。

当然，典籍英译的语内翻译到语际翻译的翻译过程也有其存在的理由。这一翻译过程与基于中介语机器翻译的翻译过程相似。在典籍英译的实践中，为了将更多的中国文化典籍向海外推介，无论是译者本人还是借助专门从事古文研究的今译者，都可以尝试以中介语的形式进行今译，以便于在信息技术进一步发展后的同一文本的多种文字翻译。

同时，随着典籍英译实践范围的扩大，典籍英译不仅仅局限于汉语典籍的英译，还扩展到了少数民族的优秀典籍的英译。在民族典籍的英译中采用的翻译过程与上述借助中介语的翻译过程相似。目前，专门从事少数民族典籍翻译的民族翻译工作者主要从事的是从少数民族语言向汉语的翻译，由民族语言直接进行典籍英译实践存在现实的困难，这种类似于中介语的翻译过程就很有价值，而且也有成功的先例。庞德基本上是以日语作为中介语进行中国古诗翻译的。但随着对民族典籍研究的深入研究和译者的民族语言与英文水平的提高，这样的翻译过程会逐渐被取代。

典籍英译的实践要求译者具有高素质，尤其要有深厚的古文功底。典籍英译的翻译过程中，从语内到语际的类似中介语的翻译过程过渡到直接的语际翻译，以减少翻译过程中对原文造成的信息损失。

根据翻译研究涉及的不同方面，Holmes（2000）将其分为纯（Pure）翻译研究和应用（Applied）翻译研究两大类。前者可以包括理论翻译（Translation Theory）研究和描述翻译研究两个分支。理论翻译研究的目的在于建立一般性原则，用以解释和预测翻译行为和作品等现象。按照这种分类方法，典籍英译理论也可以分为以下三种：纯理论研究，可以用来阐释和解释翻译理论等问题；应用性理论研究，主要是以指导典籍英译实践、提高英译译作质量为目的；综合理论研究，包括综合纯典籍英译理论和应用性典籍英译理论部分，引进和吸收国外翻译理论，将其与中国典籍英译理论相结合，总结上升为综合理论。中国典籍翻译成英语具有特殊性，既属于翻译理论的一部分，又有助于推动译学理论发展，从而有利于形成适合我国翻译研究，具有中国特色的译学理论（张琪，2009）。

作为翻译理论研究的一个分支，典籍英译理论研究虽然深受这一大环境的影响，但更多地表现出了特殊性的一面。在过去的20多年中，我国的翻译研究先后经历了结构主义和解构主义两个阶段，目前正处于寻找新的理论框架来重新构建翻译理论体系的时期。对于典籍这一特殊文体的翻译，人们习惯于从特殊的角度来制定翻译策略和进行翻译批评，新的翻译理论或思潮在典籍英译领域产生影响并得到普遍应用具有相对滞后性。20世纪80年代末，当结构主义语言学的翻译观在整个翻译界遭到普遍质疑并被解构得面目全非时，这一翻译思潮在典籍英译领域才开始逐渐引起人们的关注。近10年来，各种翻译理论在典籍英译领域都找到了各自的适应点，出现了各种路径竞相发展的局面。2002年首届全国典籍英译研讨会在石家庄召开，标志着中国典籍英译界构建典籍英译理论努力的开始。接着，2003年、2004年第二、第三届全国典籍英译研讨会分别在苏州大学和大连理工大学召开，一批典籍英译理论专著陆续出版，典籍英译界迎来了理论构建的高潮（卢军羽和席欢明，2008）。这说明当各种路径的研究趋向系统化时，人们开始着手构建典籍英译理论体系。

（1）诗学路径的古诗词英译理论的构建

古诗词英译理论是典籍英译理论框架中的一个重要的组成部分，因为中国古代的诗词翻译一直是典籍英译的核心部分。该研究主要是在诗学的框架下展开的，诗学路径的古诗词英译理论研究最成熟，贡献也最大。其代表人物有许渊冲，许氏译论与中国传统译论一脉相承，但又是对传统译论的一次质的提升和超越。刘季春（2003）认为，傅雷的“重神似不重形似”是我国翻译理论的第一次飞跃，许渊冲的“扬长避短发挥译文语言优势”则是第二次飞跃。

许渊冲是一位实践和理论并重的翻译家。他半个多世纪汉语古诗词翻译的历程也是“中国学派的古典诗词英译理论”构建的过程（卢军羽和席欢明，2008）。许渊冲从1958年开始翻译中国古典诗词作品，迄今为止已出版了英法文著译60余部，他的每一个理论的提出和发展都是大量实践经验的总结和理论反思的结果。他的“三似”、“三美”和“三化”理论也是非常深入人心的。①他在1979年提出了著名的“三美”论，“三美”论是许渊冲诗词翻译理论的核心，是许先生用毕生的精力在实践中和理论上不懈追求与捍卫的译诗原则。他随后又在不同的场合对此进行多次阐释，形成了诗词翻译的本体论。其主要内涵是：诗词翻译要尽量做到意美、音美和形美，其中意美是第一位的，音美其次，形美再次；“三美”以“三似”为基础，但为了使译文达到三美兼备，可以牺牲部分形似、音似，甚至意似。②他在1983年基于在翻译唐诗过程中对“三美”论的实践检验和反思，进一步提出了实现“三美”的三个途径——“三化”，即浅化、深化和等化。“三化”论和先前的“三似”论构成了译诗方法论的主体。浅化指一般化、抽象化，深化即特殊化、具体化，等化包括对等、等值、等效。“三化”论经历了在实践中认识和再认识的过程。③1987年，许渊冲先生在提出“等化”的思想时，对它的理解是“当原文的表层和深层一致，译文和原文‘意似’能传达原文的‘意美’的时候，可以采用‘等化’的译法”（许渊冲，1987）。由此可见，许先生此时对“等化”的理解等同于按字面意思直译的“对等”译法。随后，经过长期的实践检验和理论思考，“等化”内涵有了很大的扩充。④许渊冲在1991年第一次全面总结自己的译诗经验时，又提出了译诗的认识论和目的论。他突破了当时译界盛行的“科学主义”翻译观，旗帜鲜明地提出诗词翻译是一种艺术，这种理论魄力源自于他50年的译诗实践和理论思考。“译者艺也”是翻译的认识论，“译者怡也”是翻译的目的论，即诗词翻译作品应该达到使读者“知之”“好之”“乐之”的效果。另外，许渊冲在不同的时期还提出过“优势论”“竞赛论”等，极大地丰富了其诗词翻译理论的内涵和包容度。许渊冲诗词翻译理论构建的过程是一个不断借鉴译学研究的最新成果并在实践中不断反思、充实和创新的过程。⑤2005年，他再次阐释“等化”时说，等化包括对等、等值、等效。很显然，这里许先生借鉴了语言学派（如奈达）的“等值”翻译理论思想，大大提高了其理论的科学性和实践价值。并且，他将自己的理论高度概括为“美化之艺术”，并定性为“中国学派的古典诗词翻译理论”。这标志着许渊冲诗词翻译理论的成熟和理论构建的完成（卢军羽和席欢明，2008）。

（2）语言学路径的典籍英译理论的构建

首先，在20世纪80年代中期到90年代中期，以奈达为代表的西方结构主义语言学理论在中国翻译界盛极一时（李正栓，2004），因为它可以克服传统语文学派翻译理论的点评式、随感式等主观主义弊端。随后，人们发觉语言学派的翻译观逐渐走向了以文本为中心的语言逻各斯主义的极端，忽视了翻译活动的人文性和社会性。其次，“工具理性”的极端主义性使得译学界掀起了一场解构主义思潮，人们希望不再囿于文本，扩大翻译研究的视野。因此，解构主义的多元视角和多元的翻译理论，对翻译批评者产生了巨大的吸引力。但解构主义的主要任务是批判、破坏，是一种非理性，没有建构性，对建立译学没有直接的参考价值。因此，卢军羽和席欢明（2008）试图寻找一种“既可以避免语言决定论的弊端，又克服主体意志过分张扬的弊端”的新理论以构建译学的理论框架。最后，近年来典籍英译理论研究的语言学路径的回归反映了人们对理性的一种期盼。黄国文在构建语言学路径的典籍英译理论方面进行了初步的尝试。在《翻译研究的语言学探索——古诗词英译本的语言学分析》中，他试图建立一个典籍英译研究的语篇语言学框架和可操作性的研究步骤。这个框架利用韩礼德的系统功能语篇分析理论，从语篇结构、形式对等、静态与动态、引述、时态、人称、专有名词、经验功能、逻辑功能、人际功能、语篇功能等方面对典籍英译问题进行了较科学而系统的研究。这一理论体系为典籍英译提供了一个全新的视角，能关注到一些用诗学方法研究典籍英译时所注意不到或想不到的问题（杨自俭，2006），具有诗学路径所无法比拟的系统性和精确性。而且，其理论核心是特定的形式表达特定的意义，形式是意义的体现（黄国文，1999）。这一框架为解决汉语典籍英译界长期以来进行的“形似”与“神似”、韵体译法与非韵体译法等两元对立之争提供了参照，诠释了近年来韵体译法渐趋流行的事实。在译学理论更迭的大环境下，语言学视角的翻译研究重新获得重视是有原因的。一是因为翻译毕竟是一种语言转换活动，和语言学有着千丝万缕的联系；二是因为人类具有追逐理性的天性，在人们还没有找到一种新的理性时，不免会留恋旧的理性。但是我们应该看到，这一理论体系远不及诗学范式的理论体系成熟，因为无论从作者的研究目的还是书的内容来看，它基本上是一个典籍英译本评论的理论框架，对典籍翻译实践缺乏直接的指导作用（卢军羽和席欢明，2008）。

（3）跨文化路径的典籍英译理论的构建

中国典籍承载了丰富的文化内涵，典籍英译的意义在于弘扬中国的古典文化，丰富世界文化（卢军羽和席欢明，2008）。而翻译从本质上来说是一种跨文化的交际活动，为了更好地实现这一目的，译者首先要研究目的读者，了解他们的接受能力和欣赏习惯。其次，要清楚我们主要应该弘扬什么。跨文化路径的典籍英译理论研究就是要为在跨文化交流过程中所涉及的各种因素之间建立和谐关系提供理论框架。如果将汉语典故等极富文化特质的元素都转化为西方文化中类似的故事或干脆用平实的语言将其意思表达出来，这种除去文化内核的译文西方读者理解起来肯定没有问题，但同时也失去了文化交流的价值（朱纯深，2000）。

不同路径的典籍英译理论研究的同时展开有助于我们多层面地认识

这一翻译活动的本质和规律，但一种成熟的理论应该具有“相对严密的术语体系，相对理性的话语规范，相对客观的理论框架，相对完整的分析手段，相对稳定的解释力等”（朱纯深，2000）。很显然，目前各种路径的典籍英译理论都在很大程度上没有达到这一点。

典籍英译批评的构成从不同视角来看有诸多分类：第一，翻译批评包括翻译家批评、译语文本批评和翻译理论批评三个部分。第二，从典籍英译批评的定义角度看，包括对典籍英译译作进行鉴赏，或指出错误式的批评，或理论性研究，或借评论某种现象说明某个问题。第三，典籍英译批评还可以分析译作与原作的文字，进行对比研究；分析译作价值、翻译技巧、受欢迎程度等；分析译者，包括其翻译方法、翻译目的、翻译对象、翻译时所处的历史大环境等；全面划分、分析原作和原作者。第四，从批评主体上划分，包括双语专家与中英读者。杨晓荣的《翻译批评导论》中还加上了译者互评，一来译者的角度同前两者不同，在翻译过程中真正身处其中；二来译作在讨论中精益求精（张琪，2009）。

典籍英译的研究在不断深入，典籍英译批评却显得相对薄弱，特别是点评式、印象式和随感式的评论方式以及“标准—分析—结论”的规定性批评模式仍然占据主导地位（李建梅，2007）。典籍英译批评是本书研究的重点，在本书的第四章“描述性翻译批评及其本体构建”部分，将详细论述典籍英译批评的具体内容。

自明末清初以来，西方译者英译中国典籍已有近400年的历史。中国学者自觉向西方译介中国典籍也有100多年的历史。汪榕培在《中国典籍英译》一书中对国内外翻译中国典籍的历史做了简要梳理，可概括如下：在西方，13世纪意大利人马可波罗等人曾经到过中国，并撰有游记传世。1590年，西班牙教士高母羡（Juan Cobo）翻译了一本辑录箴言的启蒙读物《明心宝鉴》（Precious Mirror of the Clear Heart），这是中国文学译成欧洲文字的第一本书。明清之际，西方天主教士陆续来华，中国文化西传掀开了新的一页。近代，一批来华的基督教传教士，从事中国文学翻译，选择的对象以中国典籍为主。他们的活动和译介，对于欧洲初始汉学的创立和“中华风”的流行，起了十分重要的作用。

比较著名的有：利玛窦（Matteo Ricci）撰有《四书译本》等。金尼阁（Nicolas Trigault）译注《大秦景角碑》等。郭纳爵（Ignatius de Costa）曾译《大学》《论语》等。柏应理（Philippe Couplet）译有《西文四书解》。马若瑟（Marie de Premare）译有《书经》、《尚书》、《诗经》以及《赵氏孤儿》等。18世纪，英国的威廉·琼斯（William Jones）翻译了《诗经》中若干片段；德庇时（John Francis Davis）翻译了《好逑传》（Hao Chiu Chuan）等明清小说与元杂剧《汉宫秋》（The Sorrows of Han）等作品。英国第一代汉学家代表人物翟理斯（Herbert Allen Giles），编译了《中国文学瑰宝》（Gems of Chinese Literature），并撰写了《中国文学史》（A History of Chinese Literature）。英国第二代汉学家中最优秀的人物亚瑟·韦利（Arthur Waley）擅长诗歌翻译，译过《诗经》《楚辞》《唐诗》等。在第三代汉学家中，大卫·霍克斯（David Hawks）翻译过《红楼梦》，白之（Cyril Birch）译有《牡丹亭》。另外，霍克斯之女婿闵福德（John Minford），曾把中国古典名著，如《红楼梦》（后四十回）、《孙子兵法》等译成英语，亦把金庸武侠小说《鹿鼎记》译成英语，并编著《含英咀华集》（Classical Chinese Literature）。英国对中国典籍的研究集中于伦敦，近代以来，伦敦共有100余家出版机构印行过中国古典文学的书籍，总数达200余种。牛津和剑桥分别出版过约40种、20种中国古典文学的书籍。近400年来，英国有关中国古典文学的书籍出版了300余种、博士论文30余篇。美国的中国典籍英译及研究起步较晚，但现有的书籍和博士论文多达1 000余种，都问世于20世纪。如宇文所安（Stephen Owen）编译了《中国文学作品选：从先秦到1911》（An Anthology of Chinese Literature: Beginnings to 1911）、《中国文论：英译语评论》（Readings in Chinese Literary Thought）等。美国以外使用英语的国家和地区中，如新加坡、菲律宾、爱尔兰、加拿大、圣卢西亚、新西兰、澳大利亚、南非等均有中国古典文学英译本问世，其中，新加坡、加拿大和澳大利亚在数量上领先。中国以外的非英语国家中，荷兰、瑞典、印度、法国和日本出版的中国古典文学英译数量最多。中国台湾和香港地区也印行过大量涉及中国古典文学著作的英译和论著（汪榕培和王宏，2009）。

在中国，晚清民初时期的典籍译者有辜鸿铭和苏曼殊等人。前者曾推出《论语》和《中庸》等英译本，后者曾英译古诗100余首，其中《诗经》60余首，唐代李白、杜甫等诗50余首。20世纪20年代至40年代，国人英译中国典籍数量不多，最为突出的应属林语堂，他并用英文出版了《墨子》《镜花缘》《老残游记》《古文小品选译》《老子之智慧》《庄子》《中国著名诗文选读》《英译重编传奇小说》等。此外，还有贺敬瞻《聊斋志异》、杨宪益《老残游记》、林文庆《离骚》、刘师舜《二十年目睹之怪现状》、朱湘《今古奇观》等英译作品问世。中华人民共和国成立后，从事典籍英译的中国译者首先应提到的是杨宪益（Hsien-yi Yang）和其夫人戴乃迭（Gladys Yang），典籍英译作品主要有《红楼梦》《楚辞》《魏晋南北朝小说选》《史记选》《唐代传奇选》《宋明平话选》《儒林外史》《关汉卿杂剧》《长生殿》《聊斋选》《老残游记》《古代寓言选》等，共翻译了上千万字。北京大学教授许渊冲在典籍方面的成就主要是诗词翻译，包括《诗经》《楚辞》《汉魏六朝诗一百五十首》《唐诗三百首》《宋词三百首》《元曲三百首》《李白诗选》《苏东坡词选》《李煜词选》《西厢记》《元明清诗一百五十首》等。汪榕培在典籍英译方面也取得了突破性的进展，译著辉煌，先后完成了《老子》《易经》《诗经》《庄子》《汉魏六朝诗三百首》《孔雀东南飞·木兰诗》《牡丹亭》《邯郸记》《陶渊明集》《吴歌精华》《评弹精华》《昆曲精华》《苏剧精华》等译著，其中多项已入选“大中华文库”。

中国典籍在西方传播大致有以下几个基本走向：第一，西方汉学在20世纪上半叶以法国为中心，下半叶以美国为中心。第二，中国典籍在西方的传播已经由译介为主发展到翻译和研究并重。第三，在继承和创新方面，新型研究方法的流行与继承传统的努力已经形成鲜明的对照，许多学者大胆尝试新型研究方法，使西论中用成为西方研究中国典籍的一大特色。第四，中西译者两支队伍都在进行中国典籍英译，相互交流，使典籍英译的数量和质量有了更大提高（汪榕培和王宏，2009）。

就典籍英译史而言，可做出如下分类：①按国别划分，包括中国典籍英译在英国、美国、新加坡等。②如果按历史时期划分，可以按世纪分，也可以按译作发展来分。③按译者划分，可分为外国译者翻译中国典籍、中国译者翻译中国典籍和中外译者合译。④按译作划分，每部典籍都有自己的一段翻译史，如《诗经》英译史、《三国演义》英译史等。⑤按译作文体划分，中国古典文学分为小说、散文、诗歌、戏剧等不同文体，如中国古典散文英译史、中国古典诗歌英译史等。⑥按学科划分，把英译的中国著作分为文学著作、经济学著作、社会学著作、语言学著作、艺术作品和理论、哲学著作和自然科学著作等分别论述（张琪，2009）。

典籍英译在译学构建中占有重要地位，应作为我国译学内容组成部分进行研究。该研究需要广大翻译学者的不懈努力。典籍英译史的工作在于披露历史事件和理论历史原貌，尽量还其原有形态和本意。典籍英译理论的任务在于吸收以往批评史成就，尽可能忠实全面地进行科学概括，总结出有规律性的译学观念，深化已有认识。典籍英译研究是翻译学研究中的一门新学科，有待中外翻译理论工作者共同开发的研究领域。

第四节　典籍英译本体的构建

构建本体库等级体系的方法一般有自上而下、自下而上、综合法等。采用哪种方法要根据学科知识的成熟度以及作者所占有的知识源来决定。本书根据已掌握本领域中的知识源，结合领域知识粒度层次和领域依赖程度，采用了自上而下法来构建典籍英译的本体模型。

从本体的构造方式上分为手工、半自动化、完全自动化等方式。从工程角度来讲，本体工程的构建到目前为止仍处于相对不成熟的阶段，每一个工程都拥有自己独立的方法。参照软件开发生命周期法IEEE10742-1995来对这些方法进行分析，有如下工作还需要改进：第一，在构建的初期和维护阶段需要花费大量的人力，包括构建实际的分类体系（Taxonomy），以及将某一特定内容与分类体系中的节点关联起来。第二，本体中俘获的知识是流变的（Evolution），它总是在不断地发展和更新。为避免本体成为过期的无用信息，这就意味着本体不能像字典一样构造，否则它在发布之日就已过时。第三，本体中的分类体系具有领域相关性，特定学术或商务专业领域有其自身的词汇表和技术术语，因此构造合适的通用本体或分类体系需要大量的修剪和编辑时间。第四，本体反映了客观世界的某一特定观点，它反映了构建者个人或机构的观点。第五，本体作为一种共享概念模型，通常很难以某种特定的方式来对客观世界分类。总之，由于通用的手工构造方法存在一些不足，在构造特定领域本体时，要在通用方法的基础上，进行有针对性的改进，才能适合该领域的特点（Turk，2006）。

本书在构建典籍英译翻译批评本体的过程中采用了Protégé3.0和最新的Protégé4.0。

Protégé支持多重继承，对新数据进行一致性检查，并且具有很强的可扩展性：Protégé是一个可扩展的知识模型。用户可以重新定义系统使用的表示原语。文件输出格式可以定制。可以将Protégé的内部表示转换成多种形式的文本表示格式，包括XML、RDF、OIL、DAML、DAML+OII、OWL等系列语言。用户接口可以定制。提供可扩展的API接口，用户可以更换Protégé用户接口的显示和数据获取模块来适应新的语言。有可以与其他应用结合的可扩展的体系结构。用户可以将其与外部语义模块（例如针对新语言的推理引擎）直接相连。后台支持数据库存储，使用JDBC和JDBC-ODBC桥访问数据库。由于Protégé开放源代码，提供了本体建设的基本功能，使用简单方便，有详细友好的帮助文档，模块划分清晰，提供完全的API接口，因此，它基本上成为国内外众多本体研究机构的首选工具。

目前，Protégé提供多个版本，在使用时版本间存在一定差异，以下对Protégé 3.4和Protégé 4.X的差异进行比较：

Protégé 3.4是从事以frame为基础的本体构建的最佳选择。Protégé 3.4可以提供一个非常成熟和稳定的代码库，目前Protégé 4.X尚不提供frame的支持。

对于有可能借助RDF的本体构建，Protégé 3.4还是最佳选择，Protégé 3.4已经比较成熟和稳定，其各种特点在实践中得到验证，使用者可以借鉴此前的本体项目预判各种报错情况。同时，已经有许多为Protégé 3.4开发的插件。

编写纯OWL的应用，可以使用Protégé4.X，Protégé 4.X中使用了开源的基于Java的OWL API，这使得本体的编写或迁移到其他系统更加直接，在世界范围内有大量的使用者，这意味着更多的援助和更强大的代码库。此外，OWL API支持即将到来的OWL2.0。

Protégé 4.x是一个优化的完全OWL的编辑环境，占用资源更少，运行速度更快，因此，更加适合构建比较庞大的OWL的本体。Protégé 4.x中的可视化和挖掘工具组的数目更多。该框架使用更加规范的机制，因此可以更容易地调整到一个特定群体的工作流程。Protégé4.x完全支持例如QCR、作用链以及属性特征等OWL2.0功能。

经过比较分析，本书选取Protégé 4.0作为本体编辑工具，以便于利用OWLviz本体可视化工具与最新版本的Graphviz相匹配来生成完整图形。在本体的可视化方面，Protégé 3.4中兼容更多插件，本书把编辑好的本体模型导入Protégé 3.4中，利用Tab中的Jambalaya Tab提供知识库的不同视图，Jambalaya Tab 允许交互式的导航、对结构中的特定的元素缩放、用图像中节点的不同层次来强调数据集群之间的连接。

在实际本体模型构建中，本书选用Protégé编辑器版本为Protégé_4.0.2来编辑典籍英译的本体模型。依据本章前三节的理论体系，手工建立该本体模型的二级类目体系，进一步构建三级类目、四级类目，并为每一个类建立能够揭示其特征的重要属性，重要概念的属性及关系的确定，取决于每一个类自身的特点，及其与其他类之间的关系。

本书首先创建了ChineseClassics（中国典籍）这个类，进而添加了EnglishTranslations（英译）以及Translators（译者）。ChineseClassics（中国典籍）、EnglishTranslations（英译）以及Translators（译者）属于不同的事物，也就是说它们互相具有排他性（OWL：disjointWith），我们来定义这个关系。在选中ChineseClassics的状态下，点击Disjoints的第三个按钮，在出现的Add sibling to disjoints（将互为兄弟节点的类设为排他）对话框中，选择Mutually between all siblings，依此类推，这样中国典籍（ChineseClassics）、英译（EnglishTranslations）以及译者（Translators）就有互相排斥的属性了。利用同样的方法在建好的各类中再建其子类（如图3-2所示）。

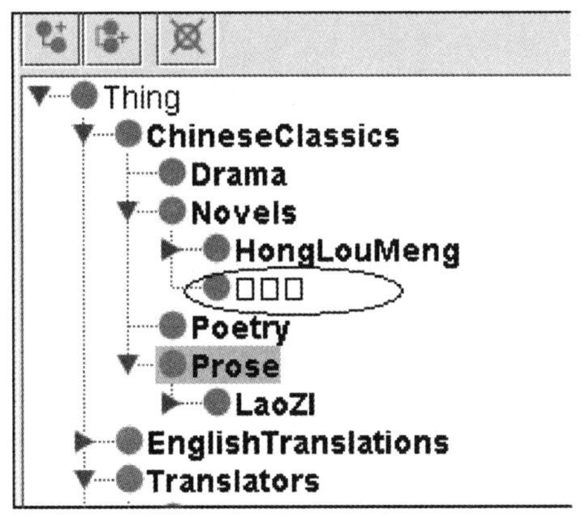

图3-2 Protégé_4.0.2中的中文显示

在Protégé_4.0.2中不能正确显示中文，类的命名采用了英文，当尝试在Protégé_4.0.2编辑窗口的Novels子类中创建一个中文的三级类目“水浒传”，在Protégé_4.0.2编辑窗口，无法显示中文，如图3-2所示。

但利用较低版本Protégé_3.2.1进行同样实验时，Protégé_3.2.1中支持中文，但因其版本与Graphviz2.27不能兼容，只能尝试将项目在Protégé_4.0.2中打开，利用OWLViz实现本体可视化时，可以显示中文，如图3-3所示。因此，可以根据需要构建双语本体模型。

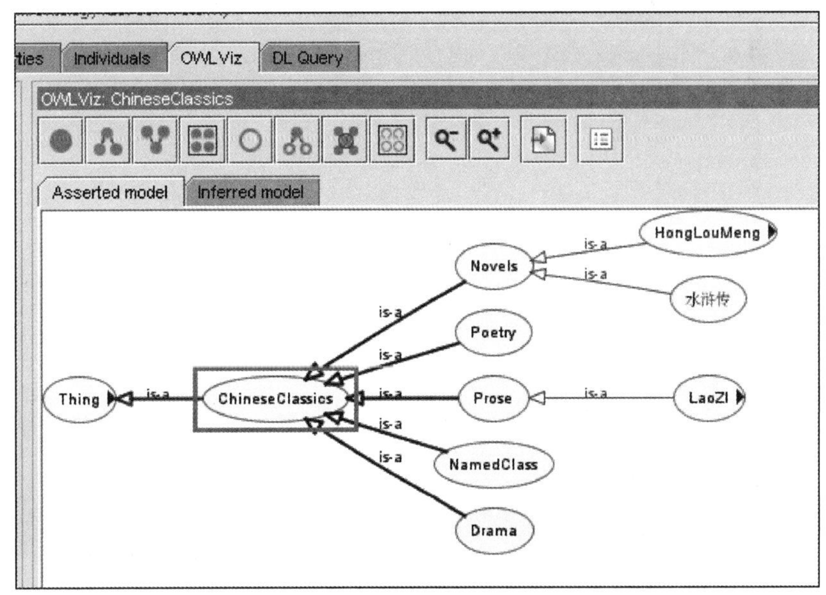

图3-3 Protégé_3.2.1中的中文显示

在典籍英译本体模型构建中，曾尝试着用本章关于典籍英译的行文进行本体模型构建，在类的概念关系上遇到了诸多困难，比如，在“中国典籍”的分类方式上，中国传统的“经史子集”的四部分类法与典籍英译实践中的现代图书分类法之间的差异使得本体中的概念层次关系很难理清。鉴于本书研究的侧重点在于中国典籍英译中文化负载词的双语本体构建，本书采用自上而下的方法尝试性地构建了上述模型，为本书最终将要构建的基于文化负载词的典籍英译翻译批评的双语领域本体奠定一定的基础。

图3-4是本书最初构建的本体模型，虽然未能最终合并到基于文化负载词的典籍英译翻译批评的双语领域本体中，该本体模型还是可以显示出本体研究在语义研究中的优势。在该模型中，典籍英译的概念得以形式化地显性展示：典籍英译是通常以人工笔译翻译为手段，以全文翻译的形式，由中外译者独立或合作将中国典籍翻译成英语。在本体构建中的概念层次关系为典籍英译学科未来的基础研究提供了新的研究课题。

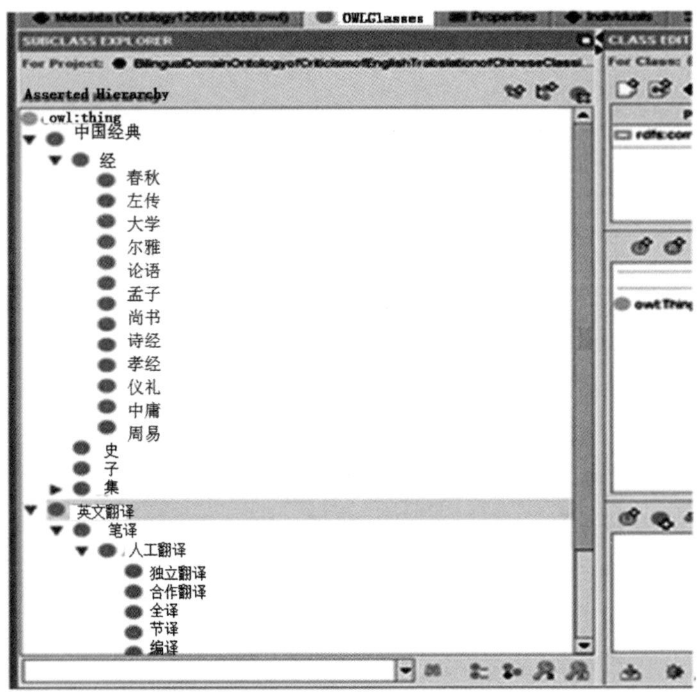

图3-4　典籍英译的最初本体模型

第四章　描述性翻译批评及其本体构建

第一节　翻译批评的基本概念与发展

翻译批评作为一种实践，与翻译活动相生相伴，有着自身的必然性和必要性。所谓必然，是因为有了翻译，就必然会有对翻译的阅读，会有人试图对涉及翻译的种种现象和因素做出分析、阐释和评价。所谓必要，是因为具有理论意识的翻译批评，势必追求对翻译实践的指导作用，试图通过翻译批评影响翻译实践，引导后者往一个健康的方向发展。翻译批评是翻译理论和实践之间的一条根本纽带（Newmark，2004）。我们认为，翻译批评在整个翻译活动中，一方面起着协调翻译理论和实践关系的作用，另一方面还起着矫正、推动实践和丰富、完善乃至修正理论的作用。

翻译批评的概念主要来自三个学术来源，即译学辞典、翻译批评专著和翻译批评论文。诸多的概念虽然有异曲同工之处，但是侧重点也不尽相同。

翻译批评即参照一定的标准，对翻译过程及其译作质量与价值进行全面的评价。它包括五个方面的内容：①分析原作，着重了解原作的意图和原作具有的功能。②分析译者翻译原作的目的、所采取的翻译方法及译作针对或可能吸引的读者对象。③从原作与译作中选择有代表性的文字进行详细的对比研究。④从宏观与微观的角度评价译作，包括译者采取的技巧与译作的质量等方面的内容。⑤评价译作在译语文化或科学中的作用与地位（林煌天，1997）。

翻译批评是翻译理论与实践相联系的一个基本环节，是一种具有一定实践手段和理论目标的精神活动，是从一定的价值观念出发，对具体的翻译现象（包括译作和译论）进行分析和评价的学术活动，是审美评价与科学判断的有机统一。翻译批评的任务是以一定的翻译标准为准绳，以科学的方法对译本或译论的艺术价值或科学价值进行判断，对其不足之处进行理论上的鉴别，特别是检视翻译实践的跨文化交际效果，从中探索译者的审美境界、科学视野和艺术技巧，以提高译者和读者的鉴别能力（方梦之，2004）。

在众多的译学专著中，探讨翻译批评问题比较深入浅出、读者影响比较广泛的翻译批评专著有两种：1999年湖北教育出版社出版的《翻译与批评》以及2005年年初中国对外翻译出版公司的《翻译批评导论》。

翻译批评就是对译品的评价。评价的内容包括：①译文是否忠于原作。②译文是否流畅。③译文是否再现了原作的艺术手法和风格（周仪和罗平，1999）。

翻译批评主要针对具体的译作或与译作有关的某种翻译现象所发的评论，“批评”与“评论”在此基本同义。因此，翻译批评可以是鉴赏，也可以是指出错误式的批评，还可以是理论性的研究，借评论某种现象说明某个问题。从这个意义上说，翻译研究只要与具体译作、译者或某个具体的翻译现象相关，都具有翻译批评的性质（杨晓荣，2005）。

本书遴选了具有代表性的两篇翻译批评学术论文：彭甄的《文学翻译批评：结构与功能》和黄琼英的《近十年来的翻译批评》。

《文学翻译批评：结构与功能》：“所谓翻译批评，是指翻译家基于既定的审美观念和标准、语言转换程序规则，以及文化传播模式规范，对以译语文本为中心的翻译文学现象——包括翻译文学的创作、接受和批评，进行价值判断和评价……翻译批评是指专门研究译语文本以及其他翻译问题的批评实践。它主要包括翻译家批评、译语文本批评和翻译理论批评三个部分。翻译批评是语言的批评、美学的批评和文化的批评。”（彭甄，1999）

《近十年来的翻译批评》：“翻译批评，是翻译研究的有机组成部分，是翻译家运用相关理论对翻译批评理论的研究，以及以一定的标准对翻译思想、翻译活动和翻译作品进行分析和评论，以提高翻译者的整体素质和翻译的整体质量。它主要包括翻译批评理论、翻译思想和活动评论以及翻译作品评论。”（黄琼英，2002）

从上述概念可以看出，所谓翻译批评，是翻译研究的一个重要分支，是批评者运用翻译研究以及其他相关理论，或者参照一定标准和尺度，对具体的翻译现象（包括译作、译者、译事、译论和翻译过程等）进行的分析和评论，以提高译者的整体素质和翻译的整体质量，推动翻译学的发展。

（一）中国翻译批评的发展过程

中国古代的翻译批评

作为一个多民族不断融合的大国，中国翻译活动的历史源远流长，原始社会无文献可考，夏商才有了文献记载，有确凿可靠的记载的翻译活动开始于周朝。我国古代的翻译活动多限于口译，因为当时的社会并不发达，各部族和各国的交往也并不十分频繁，翻译活动也只限于“能”交流的程度。相应的，“翻译批评就是有，恐怕也只是针对翻译的正确与否”（孔超，2007）。从东汉到唐宋时期，我国的翻译活动进入历史上的第一次高潮时期，主要是佛经翻译。佛经翻译一步步走向繁荣，出现了一大批杰出、有影响的翻译人员，例如汉朝的安世高、三国的支谦、唐代的玄奘等。在翻译的实践过程中，我国翻译前辈探讨各种译法，例如直译、意译、音译，此时的翻译理论也逐渐成型，到唐朝翻译理论几臻成熟，而在这其中，翻译批评是功不可没的。

古代翻译批评的言论多见于佛经的序言中，而这些论述多是针对翻译家或是译文。因为古代的翻译理论多立足于“文”“质”，所以我国古代翻译批评的标准也离不开“文”“质”理论。

而评价之言也多体现出了被评的翻译家本身所持的偏文或偏质的思想。在此时期，除了对翻译家或译本有所评论外，还记载了对翻译活动的一些评述，以及对翻译方式和翻译过程的批评，例如彦踪的《辩证论》中对翻译人员提出的“八备”。在明清两代的翻译高潮期间，我国的翻译作品突破了宗教翻译，而转向以翻译西方政治、经济和科技著作为主，例如《几何原本》《测量法义》等科技著作的翻译。在翻译思想方面，比起古代翻译，没有明显的突破。因为是科学著作，译文多求忠实通顺，但在翻译批评上却颇有成果，主要是出现了对翻译活动的批评。

中国近现代的翻译批评

从鸦片战争至中华人民共和国成立前，翻译理论突出的一点就是强调翻译的目的和功能，几乎每个较为有名的译论家都特别强调翻译的现实功能，即反抗外国的欺侮，从而振兴中华。严复的“信达雅”之说影响至今。在此期间出现了两次较大的关于翻译的讨论。一次是关于翻译文体、语言的争论，主要是在梁启超、吴汝纶之间展开；一次是关于译名的问题。这是我国历史上首次出现的较大的翻译批评活动，澄清了翻译过程中的有关翻译方法和原则的不可忽视的问题，真正起到了翻译批评应该发挥的作用。随着五四运动这场文化革命在中国的兴起，我国的翻译活动再次走向高潮，文学翻译更是出现欣欣向荣的景象，翻译理论不断创新，先有鲁迅的“忠实、通顺”，然后是茅盾的“神韵”说，再到傅雷的“神似”说、钱钟书的“化境”。这个时期的翻译批评活动主要是围绕翻译批评的标准展开，批评的主要对象是严复的“信达雅”理论。随着翻译批评活动的展开，许多新的理论逐渐成熟成型，但这些理论事实上还是在严复的理论基础上产生的。

中国当代的翻译批评

中华人民共和国成立后，政府非常重视翻译工作，成立了专门的翻译部门，创办了一些翻译研究的刊物，翻译批评也得到越来越多的重视。应该说，这一时期的翻译工作首先是从大力倡导翻译批评开始的。翻译批评的根本困难在于没有一个完备的翻译理论体系，没有一个公认的客观标准。另外一篇具有相当代表性的论文是著名翻译家焦菊隐的《论翻译批评》，文中首先谈到了批评标准的问题。1987年7月中国译协在青岛召开了第一届全国文学翻译研讨会，开启了中国翻译界十年大辩论的序幕。这一阶段，翻译批评呈现了以下特点：批评理论逐渐完善，特别是加强了对翻译批评基础理论的研究；批评的范围不断扩大，主要是翻译批评的对象从传统上以文学翻译为主，转向了各种体裁并重；批评方法不断丰富，例如调查研究、量化分析、历时研究、功能翻译理论等，促使翻译批评向客观分析和系统化迈进了一步；翻译批评监督的暂时缺位，特别是近几年来，对一些相关译作和复译的作品缺乏监督、评价（孔超，2007）。

（二）西方翻译批评的发展过程

我们再来看一下西方的翻译理论和翻译批评所走过的主要历程。在讲述西方翻译批评发展史的时候，我们很难从时间的角度来展开，因为我们知道西方的翻译批评和西方的翻译理论是密不可分的绝对“循环”。翻译理论自翻译批评开始，而翻译理论的建设又必将反过来为翻译批评的理论发展提供基石，“我们从循环中的哪一个切入口进入或许并不重要，关键是要进入这个循环的状态”（彭甄，1999）。对西方的翻译理论和翻译批评传统，粗略地划分一下，可以说其经历了以下三个阶段：

语义学批评传统

语文学是一个古老的名称，大约可以概括出现代语言学诞生以前漫长的历史时期西方世界翻译活动的一般情况，包括古希腊、古罗马、中世纪、文艺复兴和所谓近代欧美各国的翻译，例如《圣经》《荷马史诗》《莎士比亚剧作》等经典翻译。这种古典类型的翻译批评，主要是借助正误的多寡比例判断译文质量的好坏，以及在很大程度上以原作的风格基调为基准，考虑和评价译文风格的问题。其批评的着眼点，无非是一个标准问题，从属的是技巧问题。而考虑和讨论的焦点，首先是作者本位，其次是文本本位，最后才是别的问题（孔超，2007）。

结构主义批评传统

所谓结构主义的翻译批评，主要是指以现代语言学为学科基础的翻译批评，例如卡特福德（Catford）的翻译理论。其在理论上主要关心的是不同语言系统之间有无可译性的问题，但这实际上又是一个仅仅从语言学角度无法获得最终有效解决的问题。在实践上，它更多地关注按照语言结构分层规律可以研究的文本的各种转换层面，例如，语音、词汇、句法、段落、语篇等的转换问题。结构主义的翻译批评，在关注语言问题的科学性解决的同时，往往舍去了语文学翻译批评最擅长的艺术性解决方式，因此在诗歌领域的翻译批评，几乎是毁灭性的（孔超，2007）。

解构主义批评传统

解构主义的翻译批评，如同解构主义的文学批评一样，最为关注的与其说是文本和语言，不如说是文化和交流；与其说是翻译和转换，不如说是理解和解释；与其说是标准和方法，不如说是传播和延伸。翻译作为文化介入的手段，在主体文化中的影响和效果，成了最受关注的热门话题。而归化和异化，则是为达此目的而采取的策略而已。解构主义者可以具有反殖民的后殖民的翻译批评和反男性为中心的女性主义的翻译批评，以及诸如此类的立场和观点、标准和态度（孔超，2007）。当把解构主义思维和翻译学联系在一起的时候，“国内的学者发现更是不能适应”（彭甄，1999）。

翻译批评的建设，只靠解构是不行的，还应当有某种建设性的理论思路才可以。西方的翻译批评理论和其翻译理论、语言学理论以及各种哲学思想紧密联系在一起。通过上述中国和西方翻译批评发展过程的综述，我们可以看出，无论是中国的翻译批评还是西方的翻译批评，在各自的文化背景下，都有其特定的局限性。

翻译批评作为一种学术活动，其应当具有理论依据和实践手段，我们需要不断地探索、总结和完善各种方法和途径。翻译批评作为一项多角度、多层次的审美评价活动，其方法应该分为不同的种类，郑海凌（2000）将翻译批评分为还原解读、语言分析、文化批评、译本比较。廖七一（2004）将其归纳为两种：功能批评法（functional approach）和分析批评法（analytical approach）。功能批评法是一种具有普遍意义的批评方法，多侧重于思想内容方面，不重细节，是一种比较主观的批评方法，“印象分”的成分较重。分析批评法则是一种具体的批评方法，批评者可从译文中选出若干段落，对照原文找出误译或是使用不当的词句，具有明显的客观性。许均和袁筱一（1991）在客观、合理、公允和科学的基础上归纳了六种翻译批评的方法：①逻辑验证的方法；②定量定性的分析方法；③语义分析的方法；④抽样分析的方法；⑤不同翻译版本的比较；⑥佳译赏析的方法。这些分类方法实质上是一致的，包括宏观、微观和抽象、具体等方面。

随着翻译科学的不断发展，翻译的种类和内容会不断增多，翻译批评的方法也会推陈出新。黄琼英（2002）指出翻译作品评论正从传统的“正误性批评”与“感悟性批评”模式的藩篱中走出，多元化的翻译批评模式正在形成。越来越多的人开始把影响译者进行具体的文字翻译的诸多因素置于品评译文的考虑之中。无论是译界从业人员还是翻译批评家，我们都应该努力做到：一是运用法律武器，将翻译中的剽窃、抄袭行为绳之以法；二是开展道德批评，对一些有悖于翻译的神圣使命、粗制滥造的做法进行毫不留情的批评；三是开展健康的学术批评，在译学理论的指导之下，切磋译艺，探讨提高（黄琼英，2002）。

许钧和袁筱一（1991）进一步指出翻译批评应采用宏观的视野和微观的剖析相结合的批评方法，换言之，批评者既要见“树”又要见“林”，切不可将二者分割开来。这里所说的“林”（宏观视野）既可以理解为语篇的整体结构和全部思想内容，也可以理解为包括语篇、超越语篇结构的超语言要素以及相关社会因素等内容。由于翻译不能脱离社会，因此翻译批评同样也不能脱离社会，必须按社会的规范去进行翻译批评。这里所说的“树”（微观剖析）是指语篇范围内的词语、句子、段落、语义、修辞手法、文体等个体单位内容。

在翻译批评本体模型的构建中，本书充分考虑到上述翻译批评分类和方法的科学性和合理性，尽量涵盖每种分类中的可操作的因素，使之与未来典籍英译批评本体形成整体。

第二节 翻译批评三要素：主体、客体及参照系

国内外学者对翻译批评主体均有论述。在西方，众多翻译家、学者如Arnold、Newmark、Wilss、Reisse、Bassnet等人都阐发了关于翻译批评主体的认识。在国内，从近代早期的翻译家如陈西滢、鲁迅、陈康等到中华人民共和国成立至今的众多译界人士如董秋斯、焦菊隐、刘重德、桂乾元、杨晓荣、穆雷、许钧、王宏印、刘宓庆等均论及翻译批评主体。他们关于翻译批评主体的观念，侧重点各有不同。基本上说来，双语专家占据翻译批评的主体地位是主流观点。近年来受接受美学及西方文学批评等的影响，读者批评的呼声逐渐提高。翻译批评主体多样化趋势逐渐明显（朱芳，2007）。

不管什么群体作为翻译批评主体，他们首先都得是译文的读者，是翻译批评活动的发起者。借助哲学"主体"概念，翻译批评者是翻译批评活动的发动者和行为者，具有主体的主动性、能动性和创造性（温秀颖，2007）。从这一概念出发，按批评目的及方式的不同，翻译批评的主体基本上可以涵盖以下三类：第一类，专家、学者、译者；第二类，读者；第三类，译本检验负责人，如编辑、委托人、出版商等。三大批评主体各具特点，并且相互影响、相互补充，共同促进翻译批评积极健康地发展。因此，我们认为翻译批评主体具有多样性。对于此种观点，杨晓荣、温秀颖等学者均有所阐述。杨晓荣（2005）在《翻译批评导论》一书中从翻译批评活动和翻译批评要素之间的关系出发进行详细分析，认为翻译批评者的位置是游离的，他可以站在不同的位置上，从不同的角度审视批评对象：他既可以站在读者的位置，也可以站在译者的位置，或者置身局外或身兼两职。根据批评者所处的不同位置，翻译批评可以分为双语专家式、读者反应式和译者互评式。温秀颖在2007年的专著中借鉴法国文学批评家蒂博代在《六说文学批评》中的多文学批评主体划分方法，将翻译批评主体划分为读者、专家、学者（批评家）、翻译家进行讨论。无论批评主体怎样划分，二者都认为各个批评主体之间相互影响，共同构成了翻译批评的主体。

担当翻译批评主体的大多数是翻译家、译者自己。好的译者往往是著名的翻译批评家，如鲁迅、周作人、瞿秋白、茅盾、郭沫若、郑振铎等，当代的则有许渊冲、许钧等。翻译家兼做批评家自然有它的好处，就是能够将批评植根于翻译的体验或经验中，不说外行话。因此许钧（2001）甚至认为没有搞过翻译的人是不能做翻译批评的，这话有一定道理。因为翻译是项极为特殊的活动，没有亲身体验过翻译甘苦的人，难免在翻译批评的时候不能够一语中的。翻译批评不同主体具有不同的优缺点，但无论哪种主体都不可能成为译作的真正“理想读者”，也就不可能一种主体能独揽翻译批评的所有任务（朱芳，2007）。

本书认为翻译批评的主体也应遵循“译者中心论”，译者应明确自己的翻译目的、选题原因、选用的翻译方法和策论等信息，以便于对翻译批评起到导向作用，本书将在第五章结合中医典籍英译批评的实际展开论述。

翻译批评的客体通常指批评的对象，即译本。它是译者的艺术再创造的成果，是译者的审美追求的具体体现，是译者的作品。品评译文是翻译批评的主体性活动和基本内容。译本本身就是两种存在巨大差异的文化撞击后的产物，呈现出融汇中西文学观念、文化观念之后的特殊形态，因而对译本的研究往往充满了丰富的趣味性与多义性。一方面，译本投射着西方人的观念，是我们窥测西方文学与文化的又一个窗口；另一方面，译本带领我们透过“他者”的视角，重新审视我们民族的文学与文化，在我们惯常的思考轨道之外，不时带来意外的惊喜与全新的认识。由此可见，优秀的译本不仅在作品的传播史上，而且在两个民族的精神交流史上功不可没。

过去简单化的翻译批评，往往把译本中的讹错当作批评的唯一对象。早在20世纪50年代，著名作家兼翻译家茅盾就指出，翻译批评不应该停留在指摘字句的误译上，而应该从译文本质的问题上，从译者对原作的理解上，从译本传达原作的精神、风格的正确性上，从译本的语言的运用上，以及从译者劳动态度与修养水平上，来做全面的、深入的评判（田传茂和丁青，2006）。所以，这种严肃的翻译批评不仅仅是评判性的，同时也是说明性的；是用描写性的方法来分析译品，同时也是用规定性的方法判断译品。随着翻译研究的深入，以译品为对象的翻译批评逐渐呈现出多角度、多层次的发展态势，既有传统的翻译批评角度，也有新兴理论强化、发展后的结果。中文图书翻译质量的下降，加剧了读者对译品的不信任感。只有加强对出版物劣译投诉监督的力度，才能肃清翻译的风气，而翻译批评是当仁不让的（田传茂和丁青，2006）。

译者是翻译活动中最活跃的因素，其主体性作用是客观存在的。作为翻译活动中最能动的因素，译者需要不断的做出决定和选择取舍。但是，将译者单独提出作为翻译评论的考察中心却并非传统的主流。中国有一句处世良言“对事不对人”，反映在翻译批评界就是做负面的批评时往往有意避免直接提及译者的姓名。事实上，译者应该是实践主体，译作就是译者创造的“思想客体”。“对译者作用真正予以理论上的重视只是近二十年翻译理论研究出现重大转向之后的事，与接受理论及其背景中的解构主义思潮的发展、与理论界对翻译文化史的重视和对翻译主体的重视都有直接的关系。”（杨晓荣，2005）早在1994年，文楚安就在《中国当代翻译百论》上发表了《一种翻译批评观：论文学作品的合格译者》一文，比较早而且比较清晰地把译者批评摆在翻译批评的显要位置。许钧（2001）也讲过：“从广义上讲，文学翻译的批评不应仅仅局限于对译文本身的评价。译者对原著的选择，译者的价值取向与翻译道德、态度等等，都属于批评的范畴。”清华大学的封宗信也认为，作为翻译批评者，应该关注翻译者在跨语言与跨文化的话语过程中是否扮演了多重角色，是否对语篇的再度创作和重写做出了贡献（王宁，2004）。

具体来说，以译者为翻译批评的客体可以有以下几种形式（肖维青，2007）：

（1）某一译者翻译思想研究：一般来说，译者可以是多产的，把同一译者的多部作品放在一起来分析、比较和总结，可以理清其翻译思想的历程、转变、突破的必经之路。这种类型的翻译批评多以名家名译为对象，如傅雷翻译研究、张谷若翻译研究、叶维廉翻译研究等。袁锦翔的《名家翻译研究与赏析》（1990）、郭著章的《翻译名家研究》（1999）等都是这方面的代表作。

（2）同一作品的多个译者比较：依据同一原作，可以对不同译者的译品进行研究，翻译批评在这方面的成就比较大。可以比较不同译者在还原原作信息、把握译作语言风格等方面的异同，研究其翻译观，或者从翻译质量评估的角度依据一定的标准指出其高下。由于出发点是同一底本，可比性较强，颇具说服力。比如培根的名篇《论读书》有不同时代的至少12位译者尝试翻译，其中包括王佐良、高健、曹明伦、水天同等名家，研究12位译者的翻译风格差异及其成因等都是不少翻译批评论文的素材。又如范圣宇的《〈红楼梦〉管窥》一书对《红楼梦》的两个英语全译本，即杨宪益、戴乃迭译本（A Dream of Red Mansions），与David Hawkes、John Minford译本（The Story of the Stone），进行了比较全面的批评研究，在译者批评方面也有不少突破。

（3）合译者研究翻译可分为独译和合译。合译现象由来已久，大致有四类：第一种是主译加润色的主配角式，如中外专家的合译；第二种是口述加笔译的互存式，如林纾与魏易合作的《黑奴吁天录》；第三类是化整为零的承包式，如苏曼殊和陈独秀合译的《惨世界》，当前畅销书抢译很多采用此灵丹妙招；第四类是大规模立体式的合译，如佛经译场、《圣经》翻译以及中华人民共和国成立后我国对《毛泽东选集》的英译等。合译不易，重在“合”上。对在特定历史时期出现的译者群体，目前出版界合译的运作，合译者如何在理解、传达上合作等素材都值得发掘整理。

以译者为翻译批评的客体的研究还包括译者素质、译者意识、译者身份、译者风格、译者情感、译者介入等关键词。

译品、译者批评是翻译批评的重要领域，但不是全部（肖维青，2007）。翻译批评还应包括对在翻译史上具有相当意义的翻译实践及翻译教学实践进行的评论，这些翻译活动包括某一特定时期翻译界的潮流、风气、翻译的规模和质量、译品的出版情况、人们对翻译的态度等。翻译评价通常有两种趋势，一种是技术性的，另一种是历史性的。技术的评价着眼于译品的“信”与“达”的问题、译者的忠实性考察等；历史的评价则着重于译者和译品与社会、时代及读者的互动。译事批评就属于这类历史性的翻译批评。从某种角度看，译事批评等于翻译史加评论，它不是流水账似的记录翻译史上的大事要事，也不是天马行空地泛泛而论，翻译史和评论的相加并非简单的相加，而是有机结合。试举一例，汉译欧洲中古文学在20世纪二三十年代出现第一个高潮，译者如钱稻孙、王独清、王维克、郑振铎、梁实秋、邢鹏举、戴望舒、谢六逸、方重等，翻译了不少欧洲中古文学名著。这些翻译家的贡献是极大的，可是也有一些局限性与不足。他们受到最大的局限是完全接受西方从文艺复兴以来对中世纪的偏见，因此，无论介绍的是但丁、薄伽丘还是乔叟，都一律予以“黑暗中世纪露出文艺复兴的曙光”“打破封建与宗教的束缚、走向人文主义与现实主义”等教条式平等对待。这种偏见到了中华人民共和国成立以后，就成了千篇一律的八股，如以作品为封建社会到资本主义社会的过渡产品、作家的进步性与局限性等，作为译作序言的思想指导。他们不足的地方是，除了极少数例外，没有直接接触原文，不讲究所据以翻译的版本，大多数对此都没有交待，因此，都是从其他译文或后人改写成的东西转译的（肖维青，2007）。严格地说，他们翻译出来的东西，大多数不能算是真正的欧洲中古文学，都需重新据原著原文译过。20世纪80年代以来才有了第二个高潮，除了重译名著之外，翻译的范围也有所扩张（李耀宗，2003）。

翻译文论通常划分为理论性批评和应用性批评。理论性批评的任务是在一般原则基础上建立一套研究和解释文学作品的前后一致的术语、区分标准、分类方法以及评论作家和作品的尺度（标准、准则）……应用性批评或实用性批评涉及的是特定的作品、作家的讨论（吕俊，2006）。

同理，翻译批评也包括理论性批评，即翻译批评的对象也可以是普遍的翻译理论和翻译批评理论。邵成军（2003）认为，翻译批评可分微观批评、宏观批评与元批评三种类型。微观批评评具体事例，表现为对具体的译文、译事或译者进行分析评价。这种批评较多涉及翻译技巧、翻译方法、译者态度和翻译史等内容，做得好也可以以小喻大，给人以深刻的启发和理性思考。宏观批评在总结经验的基础上进行理论升华，总结出规律性的问题，从而促进翻译活动的健康发展。翻译批评的监督导向作用主要由微观批评和宏观批评来实现。元批评则是把翻译批评理论本身作为批评对象，它以宏观批评为重点，有时也涉及微观批评和元批评本身。元批评可以总结出翻译批评的本质及发展规律，指导翻译批评的发展。微观批评、宏观批评和元批评的理论层次是递进的。微观批评的成果可作为宏观批评的基础，而元批评又可以微观批评和宏观批评的成果为基础，并对前两者有指导作用，三者的作用是互补的。“翻译与跨学科学术研究丛书”之一的《中西译学批评》就是宏观批评一个较新的范例。该书学术视野开阔，批判性地对待中国的传统翻译研究和西方的翻译研究。中国传统的翻译研究是以忠实于原文为最高目标的应用翻译学，目的在于寻求一种指导翻译实践的统一的、绝对的翻译标准。

《西方翻译理论流派研究》在介绍每一流派及其代表人物的理论思想时，从历时和共时两方面，对其译论思想、贡献和影响，每一流派的得与失均做了比较公允的、客观的分析和评价。比如，在论述了七大流派以及二十五个分支的译论思想后，指出语言学派对意义的理论描写始终处于弱势，语言学派对翻译中的文化问题、交际功能问题、文学风格问题的理论描写都比较薄弱（赵秀明，2005）。

奈达、纽马克等西方学者把语言学理论应用于翻译研究，提高了学科的理论性和学术性，但是仍未摆脱应用导向，并且忽略了翻译与权力、意识形态等语言之外的各种社会文化因素之间的相互关系，所以成就有限。使翻译学成为独立学科并走向中心的是近30年来西方流行的文化语境中的翻译研究。

当然，宏观批评并不一定都要是鸿篇巨制。早在1994年，翻译学界出现了一本里程碑式的论文集《翻译新论》，内收1983年至1992年10年间在《翻译通讯》《中国翻译》《外国语》《外语教学与研究》《现代外语》等重要学术刊物上有关翻译研究的论文48篇和专著节选6篇。编者对每篇文章都有短小精悍的评述，明白流畅，鞭辟入里。其中，大多数述评都应该属于译论批评的宏观批评。

杨晓荣的《翻译批评导论》，其中部分内容倒是相当接近元批评的底色。当然，属于元批评的学术论文还是数量不少的，譬如，许钧、袁筱一的《试论翻译批评》（1997）、张春柏的《翻译批评的一种语言学模式——简评〈翻译批评——其潜能与局限〉》（2001）等。2006年《外国语》第1期上刊载的《价值哲学与翻译批评学》提出以价值哲学为哲学基础建立翻译批评学，而吕俊旗帜鲜明倡导的翻译批评学就是元批评。总之，类似的元批评还是会随着翻译事业的健康发展、翻译学科的茁壮成长而不断涌现，并且会成为一道独特的风景线。

翻译批评的主要对象不仅包括对翻译活动的结果进行评论，还包括对翻译过程的追溯——对译者动机、工作态度、翻译方法等的分析与评论（姜治文和文军，2000）。

早在1992年出版的《文学翻译批评研究》中就提出了文学翻译批评的四条基本原则，其中第一条就是文学翻译批评不仅要对翻译的结果进行正误性的判别，更应重视对翻译过程的深刻剖析。如果翻译批评只囿于从文本到文本的封闭性批评窠臼，这就是在自寻死路。我们以前不乏这类的教训，拿本译作来，再找到原文，指出一些理解上的错误，好像就万事大吉了。这种批评，不光单调，而且无力，根本是隔靴搔痒。

在翻译批评研究中，人们会越来越重视对翻译过程的研究。因为仅仅对翻译的结果进行分析对比，容易陷入从文本到文本的封闭性的机械批评模式，使翻译批评显得单调无力。而对翻译过程的分析，不仅能够帮助阐发翻译活动本身的规律与价值，赋予翻译批评以指导性的意义，而且有助于拓展批评者的视野，将译作置于一个较大的多元动态系统中去分析批评，对译者的主观意图、具体转换过程与客观存在的翻译结果进行辩证统一的评价，由此得出比较合理的结论，避免单一的和片面性的评价（黄琼英，2000）。譬如，《红楼梦》的一个英语全译本由David Hawkes和John Minford完成，从与企鹅公司签订合同的1970年到第五册问世的1986年历时16载，中国的香港岭南大学文学与翻译研究中心于2000年将Hawkes译书的笔记（A Translator's Note）影印出版，这为有志于研究此书翻译过程的学者提供了不可多得的原始资料。例如，译者为了搞清楚原著中第12回凤姐谎骗贾瑞的幽会场所如“西边穿堂儿”等，竟然在笔记上勾画了三幅凤姐院落、贾政院落、贾母院落等住宅的相对方位图，可见译者翻译态度的诚恳谨慎。一些具有中国特色的词语，如“寄名的干娘”等，译者会把从资料上查得的解释罗列出来再试图筛选；人际称谓关系的词汇，如“大奶奶”“二奶奶”等，译者也会细心地为人物寻找合适的称谓，不一而足。通过具体而微的翻译笔记，研究者还可以对译者动机和翻译方法有切实的体察。除了静止状态的翻译笔记，TAPs（Think Aloud Protocols, or verbalizing at the same time）和 IR（Immediate Retrospection, or verbalizing some time later）都是研究、评论翻译过程的有力工具。

诚然，完全以翻译过程为对象的翻译批评并不常见，因为即使像TAPs这样的翻译研究在操作层面和方法论层面都存在一些不完善之处或缺陷（李德超，2004），因此对过程的评论往往成为译者评论、译品评论的补充和完善。如上例中，译者笔记对于研究翻译过程颇有裨益，但是研究者最终的目的常常是作译者评论和译品评论。另外，对翻译过程的研究不应该仅仅局限于译者是如何在种种因素制约下把原文转换为译文这一阶段的研究，还应该研究译者在具体操作之前，“翻译场”是如何选择原著和译者，同时，还应该把读者在“翻译场”中对译本的选择、接受这一阶段纳入翻译过程的研究之中。可以说，翻译过程实际上就是一个由“翻译场”决定的、不断适应和选择直到译本最终生成的过程。翻译过程是由“翻译场”对原著和译者的选择、译者在“翻译场”中翻译策略的选择以及读者在“翻译场”中对译本的选择这一动态的生成步骤组成的选择过程（黄琼英，2003）。所以，某些学者认为翻译批评应该包含的“影响研究”，其实也包含在本书所说的过程评论之中了。

按照杨晓荣的观点，翻译批评的参照系指的是翻译批评的标准，参照系原来是物理学用语，引申到一般的现象，指“描述事物时用于比较的另一个事物，或做出判断时作为基准的一个标尺，即这些描述或判断是相对于什么而言”（2005）。选择不同的参照系，描述的状况和判断的结果会呈现迥然不同的景象。在没有参照的情况下，也无法做出令人信服的判断和描写。

翻译批评是联结翻译理论和翻译实践的纽带。实际上，我们可以将翻译理论、翻译批评、翻译实践三者作为一个闭合的环状连接体来看待。三者之间相互影响、相互制约：翻译理论的发展为翻译批评提供必要的理论依据，而翻译批评在指导、规约翻译实践的同时，又使翻译理论得到不断的充实和发展。因此，从这个意义上来说，中国传统的翻译理论也必然会影响到翻译批评活动的展开。

在翻译标准上，中国传统的翻译理论尤其注重译文与原文的对等，强调在翻译过程中译文对于原文的忠实。严复的“信、达、雅”，马建忠的“适如”，鲁迅的“宁信而不顺”，赵景深的“宁错而务顺”（刘靖之，1996），林语堂的“忠实标准、通顺标准、美的标准”，傅雷的“神似”，钱钟书的“化境”，刘重德的“信、达、切”，许渊冲的“信、达、优（发挥译语优势）”，辜正坤的“多元互补”，郑海凌的“和谐”（李亚舒和黎难秋，2000）等，在很大程度上都沿袭了这一标准。

中国传统的翻译理论又是建立在古典文艺美学的基础之上的，这也就意味着它重视直感印象；在研究方法上强调用直观感悟的方式对事物的本质进行把握，将一切诉诸于悟性；在表达方式上流露出含蓄、模糊、概念上界定不清的特点。而这也正是“神似”“化境”等观念得以产生的原因之所在。综上所述，中国传统的翻译批评强调译者忠实传达原作意图的必要性，倾向于进行文本对文本静态的、单方面的批评。但是，它容易忽视译者的主体性创造作用，也不会把翻译活动放到大的历史文化语境中去加以审视。

20世纪80年代以来，随着西方翻译理论在国内的译介，在翻译理论研究方面也逐渐出现了新的思维方式和研究视角。其中影响较大的观点有以下几种：Nida的“功能对等”理论。它以信息论、符号学、接受美学，以及文学阐释学为理论基础，将翻译标准的着眼点由原文转向了读者的接受。在Nida看来，就翻译活动而言，对于原文的忠实并不是唯一的标准，重要的是能让译文读者得到如原文读者一样的感受。与此同时，Steiner则提出了“理解也是翻译”的观点。Steiner以哲学阐释学为理论基础，通过严密论证，说明了理解的历史性特点。这也就从理论上论证了译者阐释对于整个翻译过程所产生的重要影响，即译者的翻译立场和态度、认知结构等因素都影响着他对原文文本的理解和阐释。Steiner论点的主要贡献在于他把译者纳入了翻译理论研究的视野，从而使翻译理论家们认识到翻译研究不能只局限于静态的文本，译者的主体性因素也是不容忽视的。而这一观点所产生的直接影响，就在于它使翻译批评家们注意到了译者在翻译过程中所起到的重要作用（李亚舒和黎难秋，2000）。

近年来，国内翻译界一直就翻译文化学派和以目的论为代表的功能主义翻译学派展开讨论。这两派的翻译理论都是20世纪70年代在国外发展起来的。前者以Toury、Lefevere和Bassnett等人为代表，他们主张翻译作为社会多元体系中的一元，必然会受到社会文化诸因素的影响与制约，翻译于是就变成了一种有目的的操控和重写行为。后者则以Reiss、Vermeer和Nord等人为代表，他们主张翻译是一种目的性很强的活动，翻译标准的设定要受到翻译目的的影响和控制。此学派将译文文本在译语环境中的功能置于首位，并由此提出了相应的翻译原则（李亚舒和黎难秋，2000）。

上述各家学派的论点都代表着一种翻译理论的转向，即由原文/原语的一元转向译文/译语的一元。“功能对等”论强调了译文读者的接受；Steiner的“理解也是翻译”突出了译者的主体性作用；文化学派明确了社会文化因素对翻译的影响；功能主义则侧重于翻译目的对翻译的影响。相对于国内传统翻译理论而言，这在翻译研究视角上无疑是一个重大的转变。

第三节　翻译批评的视角

（1）翻译批评的宏观视角。回顾20世纪最后20年中西方翻译学术界所走过的历程，我们可以看到，翻译研究可以从语言内部和语言外部两个方向进行，而研究翻译的重点正在从语言的内部延伸向语言的外部。人文学科与社会科学对人类历史以及当代社会的重新审视、跨文化交际研究的深入发展，为翻译界提供了从语言外研究翻译现象、探讨翻译理论的新思维方式。埃文·佐哈尔（Evan Zohar）、图里（Toury）、拉菲弗尔（Lefevere）等人先后研究了译入语文化及文学规范对选择译文题材及翻译策略的影响。翻译在不同的时代、不同的社会文化背景下，功能不尽相同。因此，译者无法避免这样的问题：翻译什么、何时翻译、如何翻译以及为谁而翻译。为了回答这些问题，译者必须了解翻译的功能以及所处的社会背景。翻译过程中的选择包括以下方面：文本的选择，翻译方法、语言风格以及具体词汇的选择。因而，翻译是一定社会文化框架内的决策过程。译者的决策不仅仅取决于语言知识，也在很大程度上取决于特定时代的社会文化环境。正如巴斯奈特（Bassnett）和拉菲弗尔（Lefevere）所说的，翻译反映了某种意识形态和诗学，同样地，在特定的社会环境中它以特定的方式操纵着文学在该社会中所承担的功能。

回顾中国翻译史，尤其是近一个世纪以来的翻译史，我们可以看到，在各个不同的历史时期，翻译总是与社会变革或思想文化运动紧密地结合在一起，一些有代表性的翻译家以他们明确的翻译目的、积极的翻译活动推动着社会变革和思想文化运动。翻译作为一种跨文化的交流活动，具有很强的目的性，这里必然涉及“为什么翻译”的根本问题。对具有历史使命感的翻译家来说，只有明确了“为什么翻译”这一根本问题，才能解决“翻译什么”的选择，而在这两个问题上一旦找到明确的答案，“如何翻译”的问题便能在原则上得到解决。在这个意义上说，翻译家的翻译动机对他们选择什么文本来翻译，采取怎样的策略来进行翻译，具有直接的决定作用。我国近代著名思想家、政治活动家梁启超的翻译活动是一个很好的例证。因此，翻译批评者要想客观地对译作做出评判就要从译者翻译时所处的政治、历史、文化语境出发，追溯译作产生的时代背景和社会历史条件，即本文所指的宏观维度的翻译批评研究体系部分。该研究体系是包括意识形态、社会历史、文化等在内的要素系统，这些要素本身可以形成各自的研究体系，既互相影响，又紧密联系。宏观维度中的意识形态、社会历史、文化要素在整个翻译体系中起定向的作用，直接影响和决定翻译文本的选择、政治倾向和服务对象。

（2）翻译批评的中观视角。中观视角文学翻译批评研究主要包括翻译目的研究，译者的中心地位、译者的翻译观念、译者的翻译策略和方法、译者心目中的预期读者研究等等。翻译目的研究是翻译研究和翻译批评研究中的一个重要组成部分。翻译技巧是不变的，变动着的是翻译目的，不同的翻译目的决定着不同的翻译技巧（肖维青，2007）。翻译内容是立体的、多层次的，翻译活动从其整体过程来说是一个远远超出翻译技巧范畴的动态过程，是一个以两种语言代码的转换为物质载体的特殊的信息传递程序。在不同的信息源面前，翻译呈现出异常复杂的状态。在这种复杂的状态下，译者要做出各种各样的翻译选择，大到选材，小到对个别字、词、句、段的处理都会体现出译者的中心地位和决策地位。如果译者的翻译目的不同，心目中的预期读者不同，那么即使是同样一部作品，不同的译者可能也会采取不同的翻译策略、做出不同的翻译选择。

翻译是以译者为中心的跨语言、跨文化的交际活动，译者的翻译目的、文化立场、翻译策略、翻译方法、历史文化背景等对翻译有直接的影响和制约。共时的和历时的翻译批评都必须检视译本正文之外的其他部分，如译者署名、著者姓名、原著国别、译书序言、装帧特点等，这些因素都会成为描写的直接相关材料（范祥涛，2004）。

中观视角的各个要素在整个翻译过程中起到决定作用，是翻译活动的决策层，直接决定译作的性质、特点和风格。中观视角是以翻译目的为主线，以译者为中心，以具体的翻译方法为实现翻译目的的手段，翻译过程中译者的翻译目的、策略、方法起决定作用，译者的翻译选择都是以翻译目的为基础的。

根据Halliday的观点，语言分析有两个不同层次的目标。较低的层次是解读语篇所表达的意义：通过语言分析来说明语篇是怎样表达意义以及为什么会表达那样的意义。这个层次的分析如果基于一定的语法体系，应该是不难达到目标的。比这个目标更高的层次是对语篇进行评估：通过语言分析和语篇分析，我们可以说出为什么某一语篇达到（或没有达到）它的既定目的；也可以说在哪些方面这个语篇是成功的，在哪些方面是失败的或不是很成功的。这个目标不容易达到，它不但需要对语篇本身进行分析，而且还要考虑到语篇的文化语境和情景语境，同时还要探讨语篇与语境之间的各种关系。可见，最后的步骤是最难做到和做好的（黄国文，2004）。语言学研究和文学翻译批评研究以语篇为研究单位体现了人们重在理解文本整体意义的倾向，整体意义也就是语篇意义，是文本的本质意义。在理解语篇意义的基础上，批评者才可以准确分析译者，作品，作品体现的社会、文化、政治、经济形态，以及人们的思想和意识。强调翻译研究的语篇视角与我们深入语篇内部开展对词的分析、描写并不矛盾。

（3）翻译批评的微观视角。翻译虽然以语篇为活动平台，各个指标参数的确定也是以语篇为基础，但实际翻译操作时却是在词这个整体语篇的最小有机组成单位上进行的，对具体词的翻译是建立在对所处语篇的整体把握的基础上操作的。微观维度的翻译批评正是在词的层面上体现翻译过程中宏观、中观和微观维度各个要素间的互动选择、互相渗透关系。语篇意义由段落、句子和词汇意义组成。所以译者在翻译之前，是沿着宏观—中观—微观的顺序进行思考并做翻译准备的，但在实际翻译过程中，译者所遵循的却是微观—中观—宏观的操作顺序。翻译批评也遵循从语篇的微观—中观—宏观的操作顺序，即从词汇意义入手，发展到句子意义，再扩展到段落意义和篇章意义，进而对译者和作品进行批评。所以说，在肯定篇章意义首要性的前提下，翻译批评的第一步是从词汇开始的。正如李静滢（2001）所说，任何译者翻译时都是在把握全篇意境后从一词一句入手，没有一词一句的积累，神韵、风格也只是空中楼阁。

此外，近年来，语料库语言学为翻译批评提供了新的量化研究视角。语料库已在语言学研究和外语教学研究中得到初步的应用，研究人员从大量的语料中分析语言本身的特征，从而用客观数据揭示人类使用语言的认知模式和使用规律，对人类有效使用语言、提高交流效率起到了促进作用。同样，语料库也可用于文学翻译批评研究中，用于词频统计、搭配统计等可量化分析，这种量化分析的客观性与描述性翻译批评的客观性具有一致性，因此，语料库为翻译批评提供了可靠的数据和评价依据。依据这些量化的数据，评论者可以进一步分析译者的语言形式选择、译者翻译观念和译者的价值取向。

第四节　描述翻译学与翻译批评的转向

翻译批评发展过程中古今中外理论的更迭、碰撞、整合，在现当代翻译研究和文化研究的语境下，大致形成了三个转向，或者说三种维度的变化趋势。总的来说，三大转向都具有思想解放、开拓解释空间的优势，同时，也带来了新的研究课题。

第一个转向：从原文中心、作者中心转向读者反应和译者中心。这一转变在某种程度上摆脱了原文文本中心、作者原意的传统观念，借鉴接受理论，强调译者的主体作用，可以说是一种进步。然而，如果机械地按照接受理论来解释同一原作所产生的各种不同译本，就会使我们产生一种感觉，“凡是存在的都是合理的”，怎么样翻译都行，无所谓好坏。实际上，按照文学接受理论，以达观的态度看待同一原作所产生的风格各异的不同译本、肯定它们各自存在的价值，并不等同于“凡是存在的都是优秀的”这样一个事实。由于文学接受理论缺乏文学理论批评应该具有的对文学价值判断的明确规定，这就不可避免地导致一种绝对的相对主义。由于否认文学作品的客观性，只强调译者理解和读者感受的一面，因而翻译批评只是一种经验的描述而没有了理性的评判（卞建华，2005）。这正是翻译批评这一转向的局限性所在。

第二个转向：从鉴赏型和科学分析型转向文化批评。经济全球化和文化多元化的加速，使得翻译现象日益复杂；随着文化和翻译理论的发展，人们对翻译本质也有了新的理解，逐步把视角从单纯的语言转换移向文化之间的交流，翻译从语言问题变成了文化生产问题。所以，翻译批评就成了研究译作这一文化产品的工作，更多将焦点放在译作产生前后的文化背景、作用和意义上。翻译批评的意义已经远远超出了文本的语言评价范畴（包括文艺鉴赏型和科学分析型），而转向文化批评，即揭示出翻译生产的社会政治、经济、意识形态等文化因素对产品的影响、促进或制约作用，以及翻译主体（译者）在各种因素中所担当的角色（胡德香和熊秋香，2004）。总之，翻译批评就是对翻译这一文化现象做出符合历史现实的描述、解释和评价。

然而，文化批评往往会向两极摇摆，用一种合适的文化眼光来平衡西方中心话语和狭隘的民族主义，真正意义上的跨文化研究和超文化的达观态度才可能实现。

第三个转向：从规定性转向描写性。在学术历史的长河里，伴随着西方语言学的发展，规定性和描写性曾经先后独领风骚过，形成了一条可资借鉴的发展路线。如今，在译学领域，“价值判断”和“规定性”就好像烫手的山芋，人人避之不及，争相划清界限。与此同时，描述译学在克服了传统译学的规定性弊病后，也正在竭力建立自己的地位；“但是，作为一种科学研究方法特别是译学研究方法，完全排除价值判断甚至一切判断的纯描述似乎很难成立，而缺乏规定性似乎就意味着缺乏分析概念和操作单元”（王宏印，2006）。

1972年，翻译研究学派创始人之一的霍尔姆斯（James Holmes）在哥本哈根召开的第三届国际应用语言学会议上发表的《翻译学的名与实》（The Name and Nature of Translation Studies）一文中正式提出描述翻译研究（Descriptive Translation Studies，DTS）的概念，并将其纳入自己构想的翻译学框架中的纯翻译学分支之下（Toury，2001；王鹏，2008）。描述翻译研究至今已有半个多世纪的历史，对西方翻译学的建立与发展做出了巨大的贡献，描述翻译研究的方法论对于翻译研究的规范化和学科化有着重要的指导意义，对中国的翻译研究有着诸多启示。

根据翻译研究涉及的不同方面，霍尔姆斯将其分为纯（Pure）翻译研究和应用（Applied）翻译研究两大类。前者可以包括理论翻译研究（Translation Studies）和描述翻译研究两个分支。理论翻译研究的目的在于建立一般性原则，用以解释和预测翻译行为与作品等现象；而描述翻译研究是一个以目标文本为基础的学科，它包括对于定义清晰的语料库的精心研究，具体涉及翻译的抉择过程、翻译的规范、第三语码与翻译普遍特征之类的问题。描述翻译研究和理论翻译研究之间互相作用，描述翻译研究在理论翻译研究指导下进行，以最佳方式证明或驳斥，尤其是修改和修正了这一理论（Toury，2001）。应用翻译研究主要是指翻译规范在实践中的具体运用，它可以进一步被分为四个范畴：译者培训、提供翻译工具、制定翻译策略、翻译批评（王鹏，2008）。

描述翻译学（以下简写为DTS）细分为三个小的分支：①“面向译本的描述翻译学”指的是对已有译作进行描述的翻译研究领域；②“面向功能的描述翻译学”主要研究译本在译语的社会文化环境中

所发挥的作用；③“面向过程的描述翻译学”主要研究译者在翻译时的思维运作方式。描述翻译理论，即利用描述翻译学的研究成果，加上相关学科及专业提供的资料，总结出一些原则、理论和模式，以解释和预测翻译的过程和成果。另外，霍尔姆斯还在他写的论文《翻译学的名与实》中补充指出，描述翻译学的三个分支中还有两个问题尚未提及，即翻译史问题和翻译学里面使用什么方法和模式最好的问题。描述性翻译研究的内部结构可以形象地表示为图4-1。

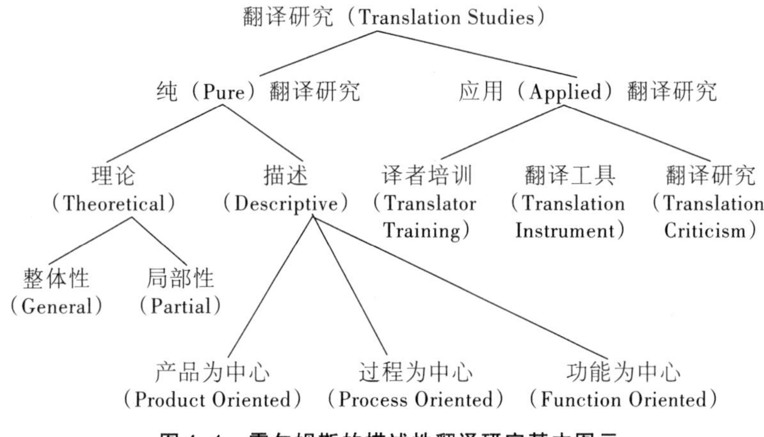

图4-1　霍尔姆斯的描述性翻译研究基本图示

根据图里等人的论述，可以看出描述性翻译研究重视描述性的方法，考虑翻译和文化背景的结合，并且以译文为基础。而这些特点又进一步决定了描述性翻译研究应该以语料库为研究的基础。

图里认为，如果翻译研究不想再依靠语言学等其他学科，并自身成为一个独立的学科，那么它必须发展一种描述性方法。描述翻译研究不应该是翻译原文和译文的比较分析或例子分析的集合，它必须提供合理的研究方法、明确的调查过程，以便使单独的描述研究的结果可以概括整个翻译行为。也就是说，描述方法的研究结果虽然不是翻译行为的全部，但却可以通过规范、明确的研究方法和实验过程等具体操作，使实验具有可重复性、可推广性、可预测性，进而在一定范围内代表某种翻译现象。所以，方法论是描述翻译的首要条件（Toury，2001）。描述翻译研究因为有连贯的方法，所以才能够对翻译问题进行可以证实的理论概括。此外，描述翻译研究是容许各种研究方法和平共处、相辅相成的一种研究策略。它将微观上的每一种在一定规范指导下进行的翻译研究仅仅看作一种翻译研究，它坚信各种翻译研究方法之间应该是和平共处的关系（林克难，2008）。

描述翻译研究认为所有个案研究必须遵循同一个指导原则，将每个问题都置于更高层次的上下文中加以研究；文本、行为方式和文化背景都应该考虑在内（Toury，2001）。也就是说，一方面，对翻译要和文本以及当时当地的情况结合起来研究，翻译并不是可以脱离时代而独立存在的；另一方面，描述翻译研究注重文化、上下文对翻译的作用，但却一刻也没有离开过文本。描述翻译研究对文化背景的重视并不意味着要离开翻译的本体（林克难，2008）。

描述翻译研究是一种以译文为基础的学科。图里认为翻译就是在目的系统当中，表现为翻译或者被认为是翻译的任何一段目的语文本，不管所根据的理由是什么（林克难，2008）。描述翻译研究是后瞻式的，是从目的语出发，拿目标文本质量与原文质量做比较。通过对两者的比较，可以辨别生成目标文本的各种表达过程，并确定这些过程在多大程度上充分地实现了预期目标（谭载喜，2005）。可见描述翻译研究对目标文本是多么重视。

从霍尔姆斯的划分来看，翻译理论是分层次的，而且这些层次还是比较复杂的。从他的划分还应看到，翻译理论体系是呈明显的金字塔状的，上层理论会分出许多下层理论的枝节。越是低层次的理论越与实践联系密切，并且对实践有直接的指导意义；而高层次的理论却与低层次理论紧密相连。倘若只知道该理论系统的一些小的分支而不了解其上层理论体系，则必然会使这些小的分支如无源之水一般而显得没有生命力。霍尔姆斯对翻译理论体系的划分因其层次性、清晰性而被广泛地接受。

DTS和翻译理论之间的关系是双向的，互相依存的原则和功能优先的特点可以体现出这一关系的理论特性。翻译研究要彻底而系统地处理三方面的问题，并且这些问题分属不同的范畴和层面。

（1）原则上，翻译会涉及的问题；

（2）在不同的情况下，翻译确实涉及的问题以及产生这些问题的原因；

（3）在具体的条件下，翻译可能涉及的问题。

第一个层面的问题可以产生一个理论框架，但是从翻译理论的角度来说，这个框架具有基础性。框架中包含了一系列的对等关系，以至于使其能够涵盖所有跟翻译理论和实践相关的问题。第二个层面与DTS是对等的，但是这种研究的意义并不在于能够对现实的行为做出穷尽的描述和解释。更重要的是，它们能够有助于规范的产生。因此，大量在实践中获取的知识积累在层面（2），并且对包含在层面（1）的种种可能性做出限制，进而为在层面（3）中做出预测打下坚实的基础。由此可见，层面（3）应该属于理论分支。描述翻译学与翻译理论之间的关系可以表示为图4-2。

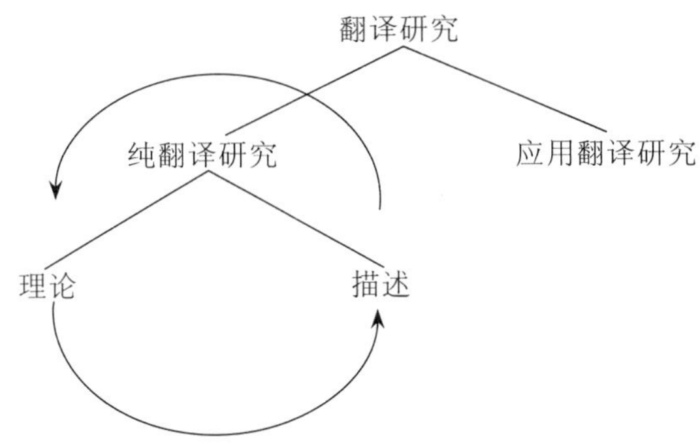

图4-2　描述翻译学与翻译理论之间的关系

描述研究中的所有发现有助于形成一系列连贯的规则，这些规则可以显示出与翻译相关的各个变量之间的内在联系。这些规则的形成超出了描述研究的范畴，因此可以体现翻译领域中理论层面的最终目的。但是，这些构想的规则并非绝对的，它们只是用来陈述在某种具体的条件下，某种现实行为或者表层实现能够出现。在缺少限定条件的情况下，这些规则不能够形成和实施。因此，形成这样的规则需要行为的规律性（regularities of behavior）和对“功能、过程和译本”这三个参数的绝对控制。这些规则可以被视为部分理论（partial theory），部分理论之间会存在很多重合，它们在经历了进化的过程之后会演变成为翻译学中的普遍理论（general theory）。这种普遍理论中也必须包含各种参数，决定某种行为、现象和关系出现的可能性。

也就是说，描述性翻译理论通过对译本、功能和过程的描述可以总结规律，发现本质，从而为普遍翻译理论的创立提供基础性的规则和模式。普遍翻译理论是一些具有本质性的规律，可以从宏观上指导实践活动，影响着译者的整体决策。而且高层的翻译理论会直接影响着与它相连的下层理论的建立和发展，从而通过间接方式指导翻译实践。

虽然不同层次的理论在翻译理论体系中的地位和作用有所不同，但这并不代表理论层次的作用孰轻孰重。而且描述翻译理论、普遍翻译理论和应用翻译理论并不是三个界限十分明显的分支，它们的关系也并不是单向的。事实上，这三者之间是一种辩证互动的关系，三者中任何一方都为其他两个方面提供素材，并利用它们的研究成果。霍尔姆斯在他的论文中指出，在进行翻译描述和应用翻译方面的工作时，要有理论假设作为行动的起点，而翻译理论也需要翻译描述和应用翻译研究提供充实的资料。

如上所述，在霍尔姆斯的基本图式（basic map）中，翻译学中的两大分支分别为纯理论研究和应用研究。这两大分支之间的关系、它们对诸多细小分支的影响以及细小分支之间的联系都应该得到足够的关注。科学研究的根本目的不是要改变现实世界中的经验（Toury，2001）。因此，翻译研究的最终目标不是发现适当的翻译方法，正如语言学研究的最终目的并非是要确定适当的语言使用方式。但是，我们也不排除从实际行为中得出结论的可能，不论该结论的性质是回顾性的还是前瞻性的。但是结论的得出者应该是实践者，而非理论家，因为前者同时也承担着结论产生的后果。因为当他们的实践由于错误的理论指导而出现失误时，他们应该承担责任，而不是去谴责错误的理论。这里所说的实践者指的是翻译学应用领域中的从业者，例如翻译批评家、翻译教师和翻译计划者等。

在翻译学的纯理论分支中包括理论翻译学和描述翻译学，而应用翻译学的各个分支则应该是规定性的。虽然很多专家和学者也试图使得各个应用分支尽量接近现实，并且各个分支的多元性和包容性也在不断增强，但是它们还是不能够涵盖各种现实行为的各种可能性。因此，应用研究的目的是要有意识地确定规范，也就是告诉那些接受这些规范的人，他们应该做什么以及应该怎么做。DTS与翻译批评在翻译研究的大学科中同属一个层面，但是它们分别隶属于不同的分支，前者属于纯翻译研究，而后者属于应用翻译研究。

如图4-3所示，DTS和翻译批评之间不存在直接的联系，但是描述研究分支是翻译学中最基础也是最重要的分支，因为该分支的研究成果为理论研究和应用研究提供了具体的资料和依据。并且，基于本章第二部分的论述可以得出，描述性翻译理论通过对译本、功能和过程的描述可以总结规律、发现本质，从而为普遍翻译理论的创立提供基础性的规则和模式。因此，一方面翻译理论的得出是基于描述性的翻译分析；另一方面，翻译理论的研究成果将指导翻译的各个应用分支，其中也包括翻译批评。以翻译理论为媒介，翻译批评和翻译批评理论将间接受到描述性翻译的影响。因此，基于描述性翻译的翻译批评理论一定会具有描述性特点。

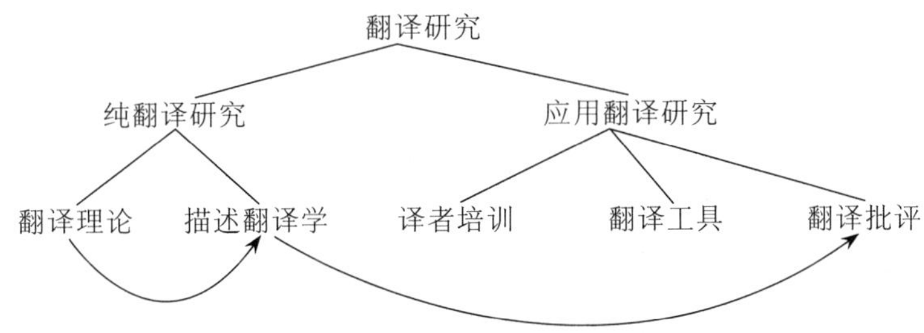

图4-3　描述翻译学与翻译批评之间的关系

规范性的翻译研究可以说历来占据着统治地位，探寻中外互译的规律、制定普遍适用的翻译标准一直是学者及译者们关心的主要问题。事实证明，这样的研究过于狭隘，限制了我们的视野，对译学建设造成了很大的障碍。而描述性翻译研究则突破了由单纯的文本构成的封闭空间，将翻译视为一种文化和历史现象，在目的语社会文化这个大环境中研究翻译，考察翻译与目的语文化的互动关系。其着重点不在于制定规范，做出价值判断，而在于客观地描述实际发生的翻译活动。

此外，以往的每一种翻译批评标准都是依据某一种翻译理论提出来的，这种批评标准体现了该理论的基本精神和原则。因此，当这种翻译理论被另一种翻译理论批判或取代时，这种批评标准也会随之被否定和批判。因此，本书作者认为翻译批评的标准应该建立在描述性研究的基础之上，而描述翻译学视野下的翻译批评理论应该具有自身的特点。

（1）DTS视野下的翻译批评理论中应该包含功能、过程和译本三个参数，并且它们之间应该是相互依存的。描述性翻译研究中的功能、过程和译本三个方面均有各自的研究领域，同时它们又是相互依存的，这就是所谓的“相互依存原则”。如果要了解翻译的复杂性，从该学科的整体角度看，就必须反映这三方面的相互关系。这样，每个单独的研究都必须具备两个特征：一是每个研究都是局部的行为，都是与整体密切相关的；二是每个研究都是对整体尝试的分离，目的是解释面向产品的研究、面向过程的研究和面向功能的研究是怎样相互起决定作用的（Toury，2001）。因此，如果在翻译批评中把这三个方面看作是各自独立的，这就意味着无论是翻译在文化中所占的地位、文本的翻译过程、源语言的表述，还是源语言与目的语在翻译语境下的关系，都会被无意中忽略，翻译的批评研究也就不具备解释性。

一方面，由于对功能、过程和译本三个参数的重视，DTS视野下的翻译批评不再将原作视为翻译的中心和绝对标准，也不再将“忠实原作”看为翻译的唯一目标。传统翻译标准都是建立在翻译理想和主观审美之上的，而没有认真考虑翻译现实的问题。事实上译者往往不会顾忌传统翻译标准对他们的约束，而出于翻译的目的、自己的理解等使译文背离原作。这种情况使传统的规范性翻译研究处于一种尴尬的地位。传统译论和语言学翻译研究的局限性呼唤新的研究方法，正是在这种背景下，翻译描述发展起来。描述的方法使研究者得以客观、全面地看待翻译，而不必拘泥于“忠实”理想，从而使翻译研究超越了传统译论的局限性，并获得了广阔的发展空间。

另一方面，DTS视野下的翻译批评理论应该遵循“功能优先原则”。翻译在目的语文化里的地位是翻译文本重要的组成部分，因为翻译是为了满足某种需要，为填补某个空白而出现的，其结果是译者在某个文化中起到了为该文化利益服务的作用，所以译本可以为目的语文化赋予新的功能。描述翻译研究注重的是意义，而不是语言形式。翻译的功能，由于它的语言特点或它与原作的关系，不可避免地决定了译者在翻译中所采取的策略，同样的原因，这也决定了翻译过程如何（Toury，2001）。正因如此，基于DTS的翻译批评理论应该将功能放在首位。

（2）DTS视野下的翻译批评理论应该更加重视目的语文化对翻译的影响。所谓描述翻译理论，就是在研究翻译的过程、译本和功能时，把翻译放在时代之中去研究。广而言之，就是把翻译放到政治、意识形态、经济、文化之中去研究。描述性翻译研究突破了由单纯文本构成的封闭空间，将翻译研究视为一种文化和历史现象，其重点不在于定制规则或者做出价值判断，而在于客观描述世界上所发生的现象。

图里在发展翻译理论的探讨中，发现以源语言为导向的理论模式存在缺憾，而翻译的概念应该大大拓展。他认为只要目语文化读者把一个文本视为翻译，它就是翻译，而不是说要翻译成什么样子才能称为翻译。他从目的语文化的宏观条件考察译作，认为译作是目的语文化所接受的文化产物，是容纳它们的目的语文化的事实，译作成为文化的组成部分反映了目的语文化的构成。译作总是受限制于不同的社会文化背景因素，所以无固定的特性，翻译成为依靠历史和文化力量的一个相对的名称。图里因此提出翻译以目的语为导向的观点，形成注重翻译的目的语文化、目的语文化特征与翻译的关系的研究方法。图里相信，翻译作品和翻译活动在未来目的语文化中的地位和功能、译作的形式、译者在翻译中采取的策略等组成了一系列相互联系的事实，我们从中发现它们相互依存，试图在研究中解释表明功能、译作和翻译过程之间关系的规律性。

（3）DTS视野下的翻译批评理论更加倡导细读文本。众所周知，文化转向和描述翻译学派同形式主义有着密切的联系，而形式主义的一个特点就是细读作品（close-reading）。描述学派正是通过细读一些翻译作品发现了其中有不少违反当时行为常识的情况。对这种情况已经无法用现有的翻译理论合理充分地加以解释。为了解释这种有违常规的翻译现象，描述翻译学者在细读文本的基础上，开始研究是不是有文本之外的因素在影响着译文文本，从而开始钻研文本和文化的互动关系。

（4）DTS视野下的翻译批评理应提倡减少价值判断，保持客观中立的立场。人的需要就是人的实践活动的目的，由于实践目的的不同，评价标准也随之不同。在实践中，人们总是按照他们的需要去规划行动与预构结果的。既然人们按照这种预构和设想去改造事物和创造事物，那么我们可以肯定地说，任何标准中都是有主体因素在内的，是主体的需要与主体的筹划的产物，有着对人和社会有意义的问题，即价值问题。因此，我们也可以肯定地说任何标准问题都是一个价值判断的问题，它理应属于价值学研究的范畴。但是，如果在翻译批评中一味强调主体因素，而忽略了客观主义的立场，就不能够从客观的角度出发来制定标准，结果就会将原文文本作为模仿的对象与唯一参照。这正是描述性翻译研究所否定的做法。

（5）描述翻译研究离不开语料库，DTS视野下的翻译批评理论也离不开语料库。王克非指出，语料库翻译学有两方面理论发展的支持：第一，语义观转变为情境观，突破了传统的“对等”，将其视为一定社会文化情境中语言使用的对应；第二，描写翻译研究范式打破了原作的主宰地位（王克非和黄立波，2008）。描述翻译研究是“对于定义清晰的语料库的精心研究”（王鹏，2008）。语料库的建立也是描述翻译研究方法论的一个主要体现。目前的翻译研究需要不断扩大、完善的语料库，虽然语料库越大、越杂，研究者在具体提炼或概括数据的过程中会遇到越大的困难，但是没有不断系统化、扩大化的语料库，描述翻译研究就很难继续发展，因为它需要描述的对象以及进一步预测、验证的对象，而这些必须由系统的语料库来提供。现代语料库语言学与描述翻译学的研究成果为语料库翻译研究提供了坚实的理论基础。作为一种实证研究方法，语料库翻译研究以现实的翻译文本作为研究对象，采用科学的统计与分析方法，客观地描述翻译活动本身的规律。该研究方法被广泛运用于研究翻译普遍性、翻译规范、译者文体等方面，是一种新的研究范式（李红满，2002）。

任何经验学科如果没有描述分支的存在，就不能称之为完整的相对独立的学科。描述的研究方法是形成理论的最好方法，其中包括检验、否定、修正并完善理论的过程。描述分支和理论分支之间的关系是相辅相成的，在这种相互作用中产生的研究成果更完善、更具有意义，有助于深刻理解研究内容，并使学科应用成为可能。因此，翻译批评研究应该建立在描述研究的基础之上，后者在实际研究中积累丰富的事实根据，不仅对翻译行为做出详尽的描述和解释，从而有充足的根据做出合理的预测，而且为前者的理论建设奠定了基础。

描述翻译研究的方法有利于我们更清楚地认识翻译现象。描述性的翻译研究不再像以前规范性的翻译研究那样将视野局限于静态、封闭的文本体系，而是将目光投向更为广阔的领域——目的语的社会文化环境，探索翻译与其所在的文化环境之间的互动关系。翻译被看作一种社会行为，一种文化与历史的现象。这样，为了更系统、全面地研究翻译，就应该采取“还原语境”（contextualization）的方法，即将其放回其产生的历史、社会、文化语境中，去研究与这一翻译行为有关的多项因素，进而对多种翻译现象做出解释。本书通过对描述翻译学视野下的翻译批评研究特点的浅析，以期为翻译批评的描述研究提供一些有益的理论探索，使描述翻译学理论研究与应用领域中的翻译批评的间接联系成为直接关联，并最终形成描述性翻译批评。

在描述翻译学视野下，翻译批评的领域的本体的建立，提供了一个新的翻译批评的标准与参照。在原有语料库翻译研究的基础上，进行基于本体的描述性翻译批评研究有利于更客观、更科学地以实证的方法来描述同一文本的不同译本多方面的异同。

（1）基于语料库的研究方法

近代以来，翻译研究打破了单一的语言学研究模式，展现出多层面、多方法、多视角的局面。从20世纪90年代起，以Mona Baker为首的一些翻译理论家开始将语料库用于翻译研究，受到翻译界同行的广泛关注（唐金莲，2008），翻译批评的现代方法正是建立在语料库研究基础之上的。语料库不仅为翻译研究提供了新的工具，而且扩展了翻译的研究范围，提出了新的研究思路。一直以来，翻译研究，特别是翻译批评，完全围绕着译文和原文是否对等而展开。基于语料库的翻译研究有助于由规定性向描述性的转向，因为大量真实语料的获得可以激发归纳性的探索，寻求理论规定或者直觉感知之外的“规范”（norms）。语料库为翻译批评提供了诸多可能性，对这些可能性予以充分开发利用，有助于翻译批评的“审美评价”和“科学判断”跳出经验和直觉的内省桎梏，达到有机的统一（肖维青，2005）。

语料库应用于翻译研究历史不长，Vanderauwera（1985）以五部荷兰语小说的英译本为语料，讨论了翻译语言表现出的语际简化、显化和范化，初步具备了语料库翻译共性研究的雏形。Gellerstam（1986）对比了瑞典语翻译和非翻译小说文本，从语内类比角度讨论了“翻译体”(translationese）的语言特征。这些研究抛开了翻译研究中传统的“对等”理念，开始关注翻译转换中语言之间的相互作用带来的语言变化以及促成此类变化的语言内、外因素，开辟了翻译研究新视角。同时这一方法也被应用于语言对比等研究领域。英国学者Mona Baker（1993）发表了《语料库语言学与翻译研究：启示与应用》一文，她在文中提出：利用大型的原文加译文的语料库，加上语料库研究方法的探讨，将使翻译研究者得以揭示翻译文本作为沟通媒介的本质。此文可视为“基于语料库的翻译研究”或“语料库翻译学”（Corpus-based Translation Studies）研究途径的开通。此后，各国学者进行了大量的理论与实证探讨，使这一研究途径逐步发展成为一种新研究范式。

语料库翻译研究方法作为一种实证的方法，以数据驱动（Data-driven）的定量分析为基础，以概率和统计为手段，以双语真实语料为对象，强调对翻译文本微观层面的量化分析，是一种新的研究范式。该方法以具体的数据为依据推导出结论，可以重复验证其有效性，是自下而上（Bottom-up）的研究方法，是对自上而下（Top-down）研究方法的补充。该方法不受个人喜好、偏见的影响，强调客观的证实或证伪，就其方法本身来说是先进的和科学的（周小玲和蒋坚松，2008）。

以语料库为基础的研究方法具有以下三大优点：①能通过计算机进行快速、准确和复杂的分析；②语料库规模大，包括的语域全面，文本量大，语言信息范围广；③既有定量分析，又有定性的功能解释，对语言的描写全面（周小玲和蒋坚松，2008）。语料库翻译研究方法不只停留在对翻译现象的描写，更重要的是它还有助于从社会、历史和文化等层面对翻译现象做出解释。因此，语料库翻译研究是对描写性翻译理论的发展。语料库翻译研究将定量与定性的方法相结合，并没有囿于语言学的范畴，而是将研究范围扩展到了社会文化因素；不只是做数据上的描写，而是在描写的基础上阐释翻译现象背后的社会动因。Mona Baker（1993）指出利用语料库来识别翻译文本的语言特征，其目的不仅是揭示“第三符号”的本质，更重要的是挖掘影响翻译行为以及造成特定语言特征的社会力量和因素。语料库翻译研究方法并不排斥传统的规约性翻译理论和研究范式，相反，它为规约性翻译理论的构建提供了客观的、可检验的理论前提和演绎基础，同时还可以对规约性翻译理论的有效性进行检验或佐证。可以预见，语料库翻译研究方法将成为现代翻译研究方法的重要分支之一。

语料库翻译研究作为一种新兴的方法还存在不完善的地方，有些翻译理论家对其局限性也提出了批判。Tymoczko（1998）认为“对科学主义的狂热可能导致大量空洞的、不必要的量化研究”。Malmkjaer（1998）指出语料库的使用可能使翻译理论家过于注意翻译的共性而忽略翻译中的难题，或将翻译中的难题当作次要问题来处理。Laviosa（2002）指出语料库翻译研究存在如下问题：第一，分析工具的词语索引有时不能提供足够的语境，从而妨碍对整篇文本或语义现象进行分析。第二，平行语料库在设计时，针对一个原文文本通常只收录一个译文文本，这样就会遮盖翻译现象的一个重要方面，即同一原文的不同译文之间的差异。Tiina Puurtinen（2007）也指出语料库可能会忽视文本的宏观结构特征。除此以外，语料库翻译研究还存在其他局限性，例如，由于对语料库的深加工不够，对文本的研究可能会不够充分等。这些问题都有待于我们在今后的研究中不断克服，使这一研究更加完善。

（2）基于统计的方法

由汪榕培作为第一主编的《典籍英译研究》已经出版了三辑（2005年5月由河北师范大学出版社出版，2006年1月由大连理工大学出版社出版，2007年10月由吉林大学出版社出版），作为全国典籍英译研讨会的会议成果论文集，《典籍英译研究》共收录了学术论文136篇（本书统计中未包括第二辑中“译界新秀论文集锦（光盘版）”中所录论文）。作为专业会刊类论文集，《典籍英译研究》较为全面地反映了典籍英译的理论与实践的研究情况，客观地展现了本领域研究中的最新研究成果，具有相应的代表性和权威性，从不同的侧面、不同的视角、不同的专题研究典籍英译，涉及理论、技巧、文化、评价、教学、比较等方面，反映了我国典籍英译近年来的研究成果。本书是我国典籍英译方面的专家学者在典籍英译方面的经验交流总结，是我国首部有关典籍英译的专著，对弘扬中华民族文化、推动我国典籍英译的发展具有重要意义。因此，笔者在系统地梳理《典籍英译研究》（第一、二、三辑）中关于翻译批评类的论文的基础上，试图从翻译批评的理论角度对这些论文进行分析，着重关注典籍英译研究中翻译批评的研究现状、研究对象、研究原则等方面，以期获得一些有益于典籍英译的深入系统研究和构建符合典籍英译或古典文学翻译特点的翻译批评的科学体系。

至于翻译批评的方法，Peter Newmark（2004）将其分为功能法和分析法。功能法是一种总体评价的方法，主要检验译者是否达到预期目的以及在哪些方面有欠缺，但这种方法主观性较大；分析法是细节评价，就是将原作与译作的部分章节进行细致的比较和评价。周仪和罗平（1999）在《翻译与批评》一书中也说："翻译批评的方法大致可以分为整体评价和细节评价。整体评价是看译者对原作全部的精神理解是否正确、译文的表达是否流畅、译文所表现出来的风格是否贴切、能否把原作的精髓传达出来。细节评价是语言的批评，包括对一个单词、词组和句子的理解与传达，这就是大家所说的'文字校订式的批评'。"可见，中国过去的翻译批评都是单维度、简单化的，要进行评价，就应该有一个客观的、公正的、公认的标准。但是这也苦于翻译批评方法过于感性化、过于零散，缺乏理论支持。

翻译批评就其目的而言可分为2类：①为欣赏而作的翻译批评；②为纠正错误而作的翻译批评。前者重在分析出自优秀翻译家笔下的模范之译作，评价其艺术价值、所遵循的翻译原则及采用的相关技巧，意在立为范文，为翻译界同行或初学者视为楷模而学之；后者则重在剖析粗制滥造之译作，分析并纠正其中的错译和误译，意在警示他人以此为鉴。不过，这2类翻译批评并不能截然分开，因为二者之间有时也会出现互相交叉的现象（如为欣赏而作的翻译批评有时也带有一点有关误译或败笔的批评）。

翻译批评就其思想方法而论可分为3类：①功能性批评（functional approach）；②分析性批评（analytical approach）；③对比性批评（comparative approach）。功能性批评在分析和评论译文时较为笼统，其重点在整个译作的思想内容而不顾及语言细节。从某种程度来说，它是一个主观的批评方法，类似老师凭印象给学生打分。分析性批评则是较为细致、客观的剖析，对译文中的每一个词语、每一句话、每一语段和段落都会对照原文加以对比和分析，错误的译文被分门别类地挑出来加以评论，并提出改进意见；好的译文挑出来加以褒扬。对比性批评是选择同一原作的若干种译文，同时采用译文与原文对比、译文与译文对比的方法找出各自的优劣之处。好的加以褒奖，劣的予以批评（周仪和罗平，1999）。

依照上述“翻译批评”的定义和分类，尤其是依据《中国翻译词典》给翻译批评下的定义是“翻译批评即参照一定的标准，对翻译过程及其译作质量与价值进行全面的评价，它主要包括翻译家批评、译语文本批评和翻译理论批评三个部分”。《典籍英译研究》中所收录的136篇论文中翻译批评类文章为49篇，从翻译批评目的角度分类数量分别为：为欣赏而作的翻译批评44篇，占89.2%，为纠正错误而作的翻译批评5篇，占10.2%；从翻译批评思想方法角度分类数量分别为：功能性批评（functional approach）23篇，占46.9%，分析性批评（analytical approach）7篇，占14.3%，对比性批评（comparative approach）19篇，占38.8%；从翻译批评内容角度的文章分布为：翻译家批评13篇，占26.6%，译语文本批评35篇，占71.4%，翻译理论批评仅1篇，占2%。

翻译批评伴随翻译实践而生，它既运用翻译理论同时又强化理论研究，翻译批评不仅对翻译实践有导向作用，对翻译理论用于实践也最具有直接性。由于翻译批评的重要性在国内学界日益受到重视，相关研究与文献也呈明显上升趋势。

而对《典籍英译研究》中的翻译批评趋势分析表明：2005年的第一辑中有13篇文章，2006年有12篇，2007年有24篇。而从上述数据可知，《典籍英译研究》中的翻译批评总体上为扬“善”隐“恶”。翻译批评应采用“宏观的视野和微观的剖析相结合的批评方法”（许钧和袁筱一，1997)，换言之，批评者既要见“树”又要见“林”，切不可将二者分割开来。这里所说的“林”（宏观视野）既可以理解为语篇的整体结构和全部思想内容，也可理解为包括语篇、超越语篇结构的超语言要素以及相关社会因素等内容。由于翻译不能脱离社会，因此翻译批评同样也不能脱离社会，必须按社会的规范去进行翻译批评。《典籍英译研究》中的翻译批评中的翻译理论批评仅1篇，仅占2%，因此，这方面的研究还有很大的空间。在译者研究方面应扩大研究的范围。

翻译批评术语是翻译批评领域知识的集中体现，术语反映了翻译批评当前的研究重点，揭示了翻译批评未来的发展方向，对于翻译批评的研究具有重要的意义。但是，目前主要的术语识别方法是人工识别，人工的术语识别工作量大、效率低，使得翻译批评术语的识别严重滞后于翻译批评研究的发展，不能满足翻译批评发展的需要。翻译批评术语辅助识别系统的建立就是为了解决人工处理效率低下的问题，通过使用计算机技术实现术语的辅助识别，大大减少人的工作量，提高术语识别的效率，翻译批评术语的发展才能跟上翻译批评研究的发展，才能对翻译批评研究起到推动作用。所以翻译批评术语辅助识别系统对于翻译批评研究具有重要的意义。

目前术语识别的研究集中在统计学方法和语言学方法。统计学方法主要有频率法、假设检验、互信息、似然比（张文静和梁颖红，2008)。语言学方法主要集中于对术语的词法、句法以及语义信息进行分析，根据术语语言学上的特点对术语进行识别。本书所述系统主要采用基于频率的统计学方法进行术语识别，通过建立常用词库以及进行术语的关联分析来提高频率方法的准确率。

基于频率的术语识别方法的前提假设如下：术语是一篇文章中出现频率高的词。这个假设有两个问题需要解决：第一，出现频率高的有可能是常用词，比如汉语中的“的、得、地、因为、所以”，英语中的“the，and”；第二，出现频率低的术语可能被丢弃。有人提出用词性标注的方式来提高术语的识别率，即认为术语一般是词性为名词的词，但是这个方式对于识别中文术语难度较大，因为中文词语的词性是不确定的，比如“直译”，根据不同语境这个词可能是动词，也可能是名词。

基于以上分析，基于频率的方法术语识别率不高，存在术语识别错误、术语丢失的问题，但是其使用范围大、使用简单的特点还是很适合由计算机来实现的。现在的计算机技术还不能达到人脑对于自然语言语义的理解，但是在处理如词语出现频率这样的问题时计算机效率远远超过人脑。下文中将引入常用词筛选的方法和关联分析方法来解决频率方法中频率高的词可能是常用词以及频率低的术语丢失的问题。

对于频率方法的第一个问题，即频率高的词是常用词而不是术语的问题，本书采用常用词筛选的方法来解决。常用词筛选的方法是首先建立一个中文常用词库（词库越大越好，但是不能与翻译批评有相关性，否则可能把翻译批评的术语给筛选掉），然后将原文切分后得到的候选词与常用词库中的词语进行匹配，如果候选词出现在常用词库中，就筛选掉，最后得到经过常用词筛选的候选术语集。

常用词筛选的核心问题是快速、自动地建立常用词库。首先，汉字词语的数量非常多，人工确定常用词耗时长，容易缺漏；其次，在收录常用词的同时让可能的术语不被收录进词库。针对这两个问题，最初提出的解决方案是使用市面上常见输入法的词库，这个方法确实很好地解决了人工搜集常用词的问题，但是词库中涵盖了术语，在筛选过程中将术语也筛选了。本书提出了一种方法，是将两篇主题不相关的文章中同时出现的词语定为常用词（比如一篇科技新闻与一篇体育新闻），为了保证可能的术语不被抽取入词库，选用的文章主题上与翻译批评没有相关性。系统在建立常用词库时选用的文章有“新浪财经”、“新浪科技”等栏目中的新闻以及西方名著和名人演讲稿，建立了一个总量超过10 000个词的常用词库，这个词库对于候选术语的筛选起到了重要的作用。

关联分析是数据挖掘过程中最常用的算法。分析关联规则的主要目的是在大量的数据集中寻找隐藏的关联关系，比较著名的例子是通过购物清单分析得到“啤酒与尿布的关系”。基于关联分析的术语识别将研究的对象从单篇文章上升到整个论文集乃至翻译批评领域的所有文章。对于术语识别研究来说，除了词在所有文章中出现的频率（总次数）以外，如果某个词在多篇文章中被使用，这个词是术语的可能性就大；更进一步地说，如果某几个词同时出现在多篇文章中，那么这几个词是术语的可能性更大。基于以上假设，本书在术语识别的过程中需要计算候选术语同时出现在几篇文章中（在关联分析中即计算项的支持度）；同时挖掘候选术语组成的频繁项集（即出现频率大于阈值的项集）。参考关联分析挖掘频繁项集的算法，挖掘候选术语的频繁项集的算法如下（廖开际，2008）：

（1）首先计算所有经过常用词筛选的候选术语的支持度（候选术语在一篇文章中出现次数不论为多少，都记为1，然后将所有文章中出现的次数加和得到该候选术语的支持度），确定满足最小支持度limit的频繁术语集L_1。

（2）利用已经生成的L_{k-1}自身连接，得到候选k项集C_k（k项集意思是这个项集包含k个候选术语）。

（3）然后重新计算C_k中各项的支持度，对支持度小于limit的项集进行剪枝，从而得到频繁术语集L_k。

（4）重复（2）~（3）的过程，直到L_k为空。

（5）为每一个候选术语标识出它们所处的频繁术语集（如果一个候选术语同时存在于L_1和L_5中，标识这个候选术语的频繁级别为5）。

这个算法的关键点是选取limit阈值，即支持度大于多少的项集才被称为频繁项集。在系统中选取的阈值为4，即当一个项集同时出现在4篇文章以上时，才可以被认为是频繁项集。阈值取值越大，系统运行的时间越短（频繁项集的数目变少了），频繁项集中的词语是术语的可能性越大（如果一个词不是常用词，但是在这个领域的所有文章中都出现，那么这个词就很可能是术语）；但是阈值不能无限制地扩大，阈值大到一定程度就起不到术语识别的作用（因为所有可能的术语都被阈值筛选掉了）。

本书提出的计算频度的公式如下：

$$P=N+100L+100F$$

其中N是候选术语在检索文献中出现的总次数，L是候选术语的支持度即候选术语所属文章的计数，F是候选术语的最高频繁级别（即候选术语所属的最大的频繁项集）。100是F和L的权重。通过这个公式计算候选术语的得分P，P值越高的候选术语是术语的可能性越高，P值越低则可能性越低。通过这个公式计算候选术语是术语的可能性，就避免了单纯计算频率造成的术语丢失的问题；同时由于引入了支持度和频繁项集的概念，将术语识别的范围由单个文章上升到整个领域中的所有文章，更关注文章与文章的关系，使得术语的识别更可靠。

最后，将候选术语按P值由高到低返回给用户，由人进行术语的最终识别。

正则表达式是指一个用来描述或者匹配一系列符合某个模式的字符串的单个字符串。许多文本编辑器软件（比如Unix上的编辑器ed）以及软件开发语言（比如Java语言有Jakarta-ORO正则表达式库来提供使用正则表达式的API，脚本语言JavaScript也提供函数处理正则表达式）都使用正则表达式处理字符串，通过正则表达式对字符串中符合某一模式的文本进行查找和替换。一个正则表达式用来描述一种模式，比如M［A-Z］KE这个正则表达式就可以描述MIKE、MAKE这两个单词的模式。总体来说，正则表达式是进行字符串处理的一种有效的方式。

Java正则表达式的处理集中在java.util.regex.Matcher模式类（用来表示一个编译过的正则表达式）和java.util.regex.Pattern匹配类（用模式匹配一个字符串所表达的抽象结果）两个类。比如要通过正则表达式找出一个字符串所有的英文单词：

```
Pattern p=Pattern. compile("[A-Za-z]*",Patter.CASE_ INSENSITIVE);
Matcher m=p.matcher（"mike make");
While（m.find）System.out.print（m.group（））;
```

这样，在控制台上就会显示mikemake。

正则表达式在系统中的主要工作是噪声处理，比如去掉候选词中的英文词汇、符号、不必要的空格等；在进行常用词筛选时，正则表达式的执行效率也很高。

斯坦福中文切分软件是斯坦福自然语言处理组织的课题成果，这个组织研究如何让计算机处理以及理解人类语言。这个切分软件使用两种汉字词语的切分标准：pku（北京大学计算语言学研究所推出的现代汉语语料库加工规范）以及ctb（汉语句法树标注体系）。这个软件在公共软件许可证下，可以进行非商业性的研究与使用。

这个切分软件以一个java包的形式推出，解决了系统的中文词汇的切分问题。通过使用这个软件，可以将一篇文章的汉语切分，比如“我是中国人。”就会被切分成“我”“是”“中国人”“。”四个部分。这个软件的切分已经考虑了中文的语法、语义、形态学以及篇章结构等，对于人名、地名、篇章名以及一些语义字段如“形美”都有很准确的处理，可以满足我们对于术语抽取的需要。具体使用方法如下：

Properties props = new Properties（）;

/*进行属性的设置，包括目标字符串的编码格式等，这个部分代码省略*/

CRFClassifier classifier = new CRFClassifier（props）;

classifier. loadClassifierNoExceptions （"C：/stanford / data / ctb. gz", props）;

// flags must be re-set after data is loaded classifier. flags. setProperties（props）;

//通过调用segmentString方法切分字符串，结果返回一个目录List <String> list=classifier.segmentString（“我是中国人。”）;

斯坦福中文切分软件在系统中主要用来建立初始候选术语集，通过这个软件，将文章以词为单位切分。这个软件充分考虑了中文的语义和词语结构的问题，对于文章的切分基本满足系统对术语识别的需求。通过这个软件，减轻了术语识别的难度。

翻译批评术语辅助识别系统的流程图如图4-4所示，术语的生成总共要经过如下四步的处理：

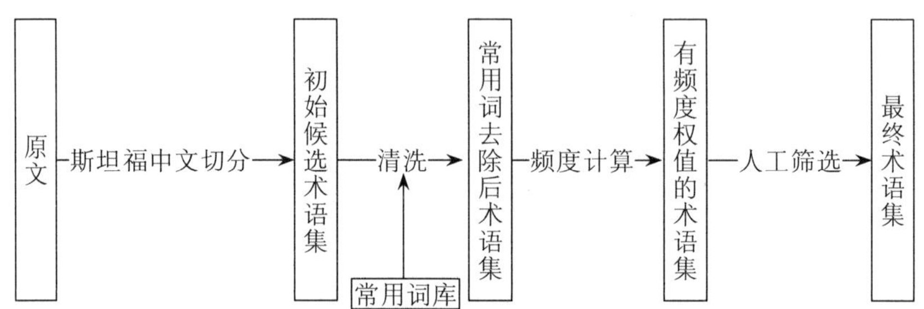

图4-4 翻译批评术语辅助识别系统流程图

第一步，从原文开始，通过斯坦福中文切分软件将原文进行切分，切分成词语、单字、标点符号以及英文单词。对于中文切分的结果，还不能称为初始候选集，还要进行初始的数据筛选，将标点符号、单字符（单个汉字基本上不是术语，术语的长度变化范围集中在1～10，其中长度为2～6的最多，占到总数的88.48%，长度为1的占到总数的

10.86%，其中一半左右是英文缩写；再结合翻译批评文献的特点，系统只选择长度为2以上的词作为术语候选词）、英文单词或字母通过正则表达式找到并筛选。完成以上操作后得到初始候选术语集。

第二步，通过常用词库对初始候选术语集进行筛选，去除初始候选术语集中的常用词。系统中的常用词库词的数量为10 000个，已经可以将“因为”“所以”“的”“得”“地”等词语筛选掉。

第三步，进行频度计算。频度计算主要分三个部分，候选术语在论文集中出现总次数N、候选术语的支持度L、候选术语的频繁级别F。N通过将候选术语在每篇文章中出现的次数加和得到。L通过计算与术语对应的文章总数得到，F通过上文中介绍的算法得到。然后通过上文中介绍的公式得到不重复的有频度权值的术语集。

第四步，将上一步得到的术语按频度值从高到低排列，然后由人工筛选，确定最终的术语。

本书以《典籍英译研究》（第一、二、三辑）为主要数据来源，通过斯坦福中文切分软件对原文进行切分。本书介绍的批评术语的辅助识别系统的核心思想是基于统计学频率方法。这个系统通过引入常用词筛选的方法和基于数据挖掘关联规则的方法来解决统计学方法容易丢失低频词汇和错误识别高频词汇的问题。本系统的核心功能是将候选术语按可能性由高到低返回给用户，最终由人来判断是否是术语（见表4-1）。

表4-1 **翻译批评术语**

术语	出现次数	术语	出现次数
译文	1 515	原作	342
译者	1 382	诗人	324
英译	1 106	语境	308
典籍	874	诗词	252
诗歌	837	交际	242
文学	826	典故	197
意象	529	红楼梦	193
原诗	485	许渊冲	185
意境	360	主体	179
译本	351	对等	179

本系统的下一个研究阶段是实现翻译批评术语的自动识别，减少或者完全不需要人工干预，为了实现这个目标，须对以下三个方面进行深入研究：

（1）常用词库。本系统之所以最后还需要人参与识别，一个很重要的原因是常用词库不够全，不能涵盖中文的所有常用词，在最后返回的结果中，仍然有“句式”“修辞”等常用词；同时常用词库的建立缺乏理论基础，如果能够找到一个系统的方法，势必可以快速高效地建立常用词库，对自然语言识别的研究起到推动作用。

（2）频度计算公式。本系统创造性地将数据挖掘中的知识应用到术语识别过程中，但是在进行频度计算时，赋予支持度L和频繁级别F的权重100这个值的选取不够科学，不能反映三者之间重要性的区别。究竟如何给三个参数设定权值、权值多少才能科学地反映三者的地位差异，是下一个阶段研究的重点。

（3）词语语义研究。语义方法的术语识别是统计学方法的一个补充。候选术语的词性、文章中候选术语出现的位置、句子中候选术语出现的位置都对词语是否是术语产生影响，此外词语在语义上与翻译批评的相关性也是判断词语是不是术语的重要依据。但是，基于语义的研究特别是中文语义的研究非常复杂，需要做大量的研究工作。

我们可以依据普赖斯所提出的计算公式统计核心作者群的方法来计算核心译者。核心作者群是指那些发文量较多、影响较大的作者集合。普赖斯公式为 $M = 0.749$ （N_{max}） 1/2，式中M为论文篇数，N_{max}为所统计的年限中最高产的那位作者的论文数，只有那些发表论文数在M篇以上的人，方能称为核心作者，也即多产作者（见表4-2）。

根据表4-2，在本书所统计的时间段内，《典籍英译研究》的N_{max}=46，代入公式 $M = 0.749\times$（46） 1/2，求出M值为17.22次，在实际应用中，按照取整的原则，取M值为17次，即在《典籍英译研究》中被引用17次以上的那些译者为该论文集中的核心译者，在《典籍英译研究》中被引用17次以上的译者为3人，共计被引用90次。

本书上文中所设计的系统是针对特定的文本类型（典籍英译论文集）进行切分和术语的提取，是以实证的方法证明进行描述性翻译批评的可行性的，统计法在计算机技术上不够先进，但在基于语料库的翻译

表4-2 核心译者

被引译者报表中被引译者出现的频率（次）		关键词报表中被引译者出现的频率（次）	
许渊冲	46	许渊冲	38
汪榕培	27	汪榕培	19
王宏印	17	王宏印	10
刘重德	15	刘重德	7
刘宓庆	14	刘宓庆	7
许钧	13	许钧	7
卓振英	12	卓振英	4
吕叔湘	12	吕叔湘	6
杨自俭	11	杨自俭	5
王宝童	10	王宝童	2
辜正坤	9	辜正坤	5
杨宪益	8	杨宪益	18

研究中还是一种科学、有效的描述性实证方法。任何经验学科如果没有描述分支的存在，就不能称之为完整的相对独立的学科。描述的研究方法是形成理论的最好方法，其中包括检验、否定、修正并完善理论的过程。描述分支和理论分支之间的关系是相辅相成的，在这种相互作用中产生的研究成果更完善、更具有意义，有助于深刻理解研究内容，并使学科应用成为可能。因此，翻译批评研究应该建立在描述研究的基础之上，后者在实际研究中积累了丰富的事实根据，不仅对翻译行为做出详尽的描述和解释，从而有充足的根据做出合理的预测，而且为前者的理论建设奠定了基础。

本书所采用的术语识别技术属于十分简单的计算机技术的应用，在术语识别方面，在未来研究中还可以采用目前广泛应用的多词串抽取方法C-value以及多类别C-value（Mold-Class C-value）方法，利用多词串在不同领域的分布信息，改善领域相关的多词串抽取的性能。本书的研究重点在于双语领域本体的构建，在未来的本体自动扩展中，可以进行多词串抽取的研究，以完善本系统中术语识别的技术手段。

第五节　翻译批评的本体模型构建

翻译批评的本体模型构建过程中充分考虑了本体构建的5条原则：

（1）明确性和客观性：本体应该用自然语言对领域的相关术语给出明确而且客观的定义。

（2）完全性：对所有的术语都必须给出完整的定义，使其能够清楚地表达术语的真实含义，并且应该用自然语言加以说明。

（3）一致性：所有由已知术语得出的推论必须与术语本身相容，不能产生矛盾，也就是说它所定义的公理或者文档都应该具有一致性。

（4）最大单调可扩展性：对本体进行扩展即添加新的专业术语时，不需要对原有本体进行修改。

（5）最小约定性：对等待建模的对象给出尽可能小的约束，只要能够满足知识的共享需求即可。当前对构造Ontology的方法和方法的性能评估还没有一个统一的标准，因此，这还是一个需要进一步研究的方向。不过在构造特定领域Ontology的过程中，有一点是得到大家公认的，那就是需要该领域专家的参与（邓志鸿和唐世渭，2002）。

本书在充分考虑本领域的知识成熟度以及利用未来可获取的领域电子资源的基础上，在翻译批评众多概念中，选择性地构建了翻译批评的本体模型，主要围绕翻译批评的三大要素和三大视野中的核心概念进行建类。图4-5为翻译批评的本体模型在tab的Jambalaya中的视图。

在翻译批评的本体模型构建中，包含了数据性属性的编辑。在建立翻译批评的客体的子类“译者”后，在属性编辑器中编辑一个新的datatype property（数据性属性）Address，设它的定义域是类“译者”，设它的值域是xsd：string，在rdfs：comment中注释该属性表示地址。同样我们编辑一个新的datatype property（数据性属性）Tel，设它的定义域是类“译者”，设它的值域是xsd：string，在rdfs：comment中注释该属性表示电话号码。建立类“译者”的实例。选择Individuals编辑器。在选择左边“译者”类的情况下，点击INSTANCE BROWSER中的按钮，出现了一个个体实例，在INSTANCE EDITOR中将它的名字变为汪榕培。在下方的属性Address中点击加号，输入地址。这里作为例子输入大连理工大学，并选择en。属性Tel中输入0411-12345678，并选择en。同样的方法，创建另外2个个体实例William Puffenberger和许渊冲。属性Address和Tel请任意输入。这样我们就创建了3个“译者”的个体实例（如图4-6所示）。

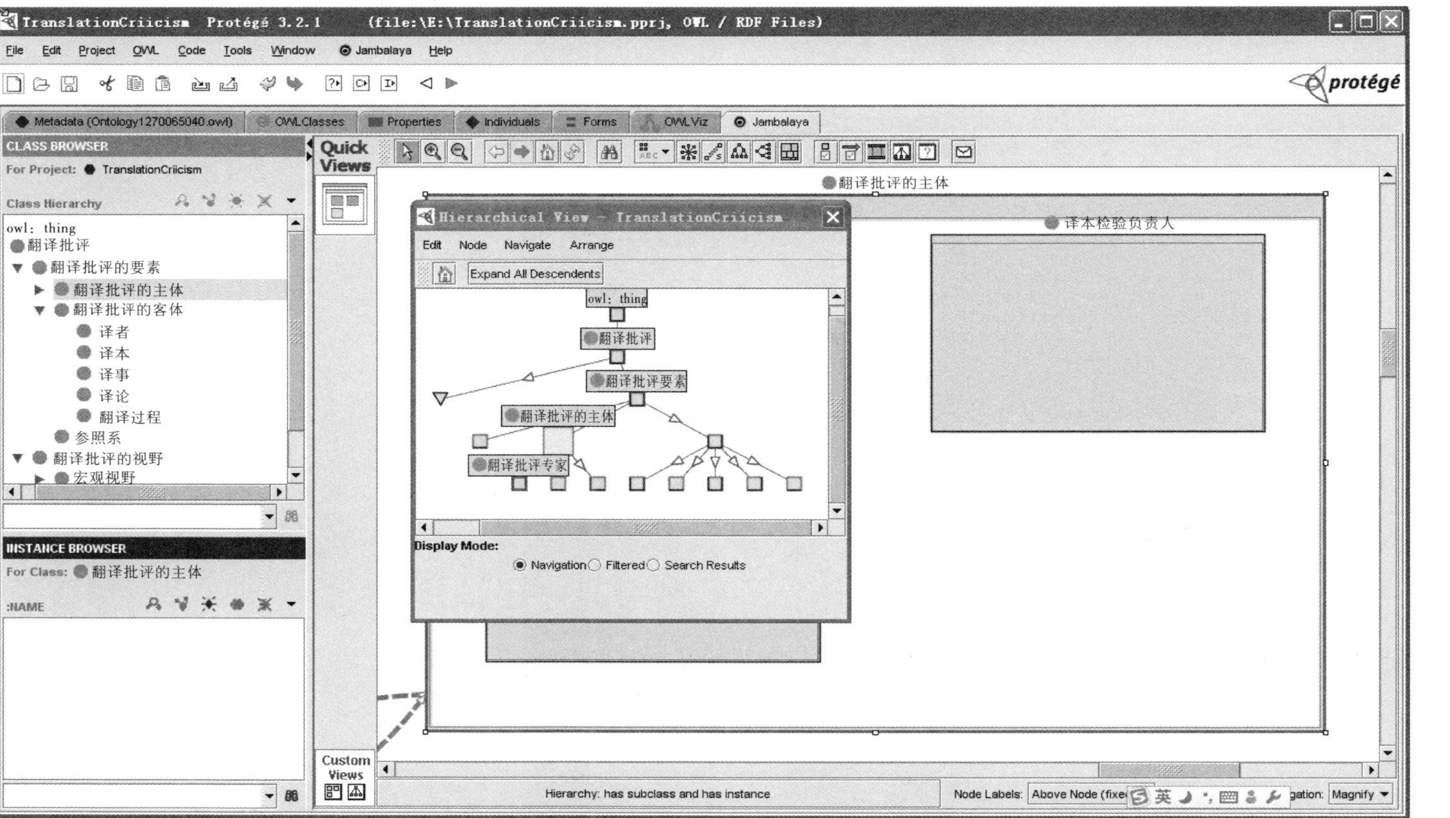

图4-5　翻译批评的本体模型在tab的Jambalaya中的视图

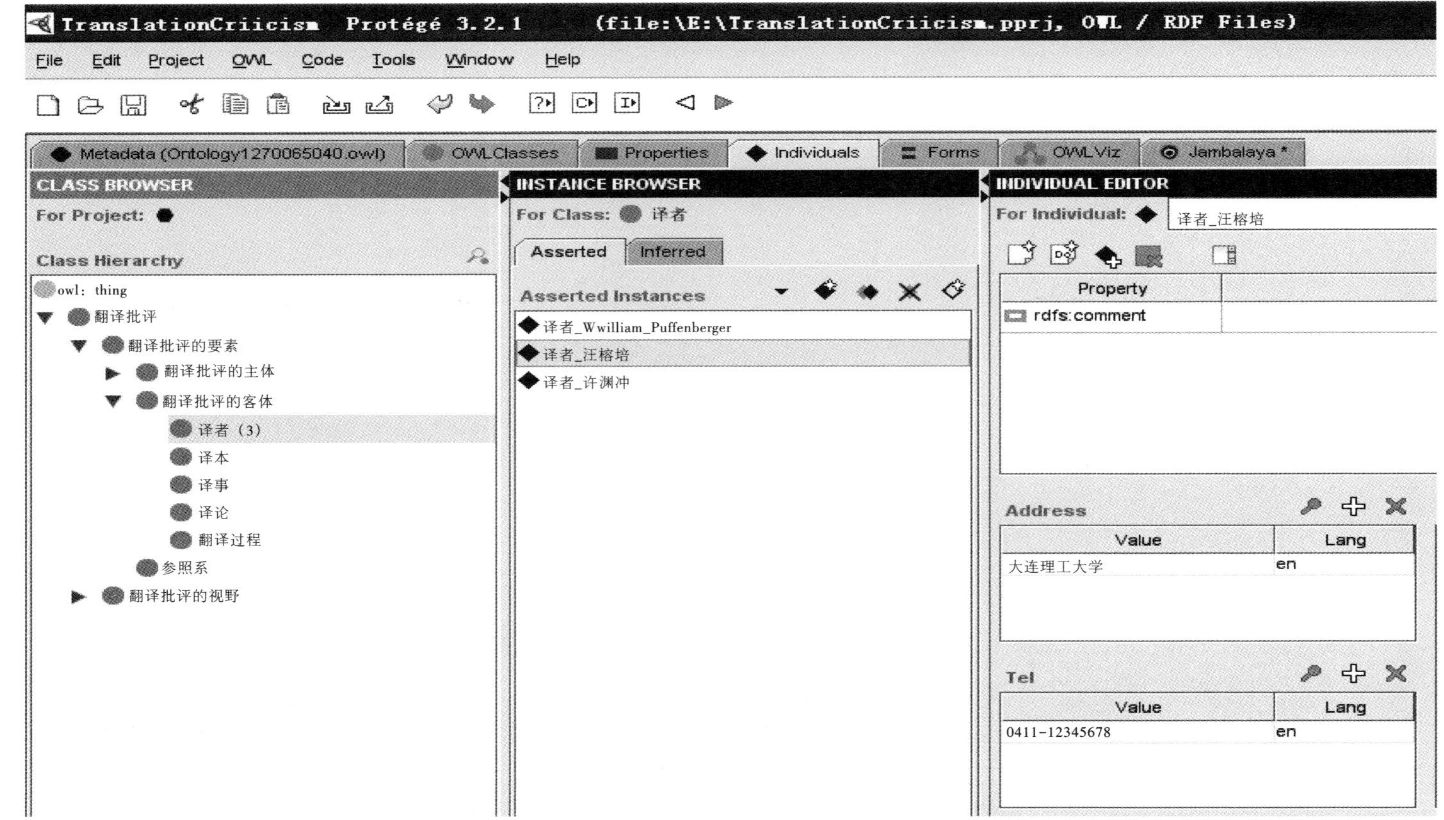

图 4-6 翻译批评的本体模型中的实例与数据性属性

第五章　典籍英译的翻译批评及其本体的构建

相对于中国典籍翻译的实践而言，中国典籍翻译的研究是滞后的。近年来，相关的论述以翻译家、翻译理论家的著作及某些外语期刊文章的形式进入读者的视野。这些论述和文章或是翻译实践的经验总结，或是翻译中的个案研究，或是某个译家的介绍和评论，或是某个译本的得失分析或不同译本的比较。最近开始有了从阐释学、比较诗学、接受理论、跨文化交际等角度去探讨典籍翻译中的具体问题的尝试，但总的说来，用现代语言学、翻译学相关理论对中国典籍翻译进行专题研究的尚不多见，已有的研究，其系统性和理论层次也都有待提高。这是摆在典籍翻译工作者和研究者面前的一个问题。

第一节　不同文体的典籍英译的翻译批评

典籍英译是对具有文化资本的文本通过笔译进行全文翻译。英译典籍是一项相当具有挑战性的工作，译者除需具备深厚的英汉语文功底、了解外国历史及文化外，还须熟知中国古代汉语、哲学、历史、宗教、民俗、法律、医药、经济、军事、天文、地理、建筑等学科的基础知识。在汪榕培教授和王宏教授编写的《中国典籍英译》中，其将中国的文学典籍分为中国古典散文、古典诗歌、古典戏剧和古典小说四种文体，并且提出了“传神达意”的翻译标准。

王宏（2009）分析了这四种文体翻译的标准。古典散文英译要做到“传神达意”，必须再现原文的韵味。衡量古典散文英译质量主要看三个方面：①声响与节奏。要在译文中再现原文的声响和节奏之妙，好的译文应该读起来朗朗上口，听起来声声入耳。②意境和氛围。古典散文的英译只有保持和再现原文的意境和氛围才能使原文和译文具有相似的审美韵味。③个性化表达方式。原文简洁凝练，译文也要简洁凝练，原文形象生动，译文也要形象生动。在翻译古典散文时，译者必须以创作的心情进行再创作，力求再现其艺术表现力和感染力，重塑其意境与神韵，而所谓神韵，即贵在译出洋溢于字里行间的情感。

古典诗歌英译要做到“传神达意”，在传神方面涉及形似和神似，而在达意方面涉及字词达意和比喻达意。内在意蕴方面的“传神”需要从整个篇章出发；从外在形式的角度来看，只有以英语诗歌的形式来译古典诗歌才能达到最佳的效果。由于存在语言、文化等方面的差异，古典诗歌英译必然会失去某些原有的特点，但是完全可以通过补偿方式使其获得新的生命。

古典戏剧在英美等国家的传播有三难：翻译难、表演难、接受难。针对这些问题，该文学体裁英译的原则仍然是“传神达意”。古典戏剧英译要做到“传神达意”，必须确保译文的口语化、个性化、动作性和简洁性。“达意”是翻译的出发点，译者在自己的译文中必须准确地体现自己对原文文本的理解和阐释。译者要在译文中展现汉语的美，努力做到：①语言生动流畅；②个性化语言表现人物性格；③注重译入语的音美和形美。

古典小说英译要做到“传神达意”，应遵守“四化”原则，即形象化、通俗化、个性化和风格化。并且，在翻译古典小说的时候应该从文化、语言、人物形象三个方面来考量。首先，全球化语境的跨文化交际状态需要我们以一种全新方式翻译文本，欢迎存在异质性，反对狭隘的民族主义。其次，中国古典小说受民间传说和“说话”艺术的影响，形成讲故事的传统，并把文言和白话融为一体。这些语言特色都应该在翻译中以某种方式体现。最后，中国古典小说的人物形象典型鲜明，讲究传神、写意，在人物塑造中追求神似。在翻译时，译者首先应该研究和剖析作品中人物的语言、行为、动作特点，并在译文中体现。

1. 古典散文的英译

中国古典散文是一个内涵和外延都相当模糊的范畴，我国古代将不押韵、不重排偶的散体文章称为散文，与韵文和骈文对举；又曾将散文和诗歌并举，泛指不讲究韵律的小说及其他抒情记事之作。古典散文音韵和谐，文字优美，意蕴幽远，格调高雅，读者可以在阅读中获得极大的审美享受（王宏，2009）。

中国古典散文在西方的传播可以追溯到17世纪末期，即根据《论语》的拉丁文本转译的《孔子格言》（1691）问世之际。18世纪中西文化交流的一件重要事情就是法国杜赫德编译了《中国通志》，该书的英译意味着很多中国古典散文已经为英语读者所知晓。到了19世纪，湛约翰的《老子关于玄学、政体与道德律的沉思》和巴福尔的《南华真经》等书籍的刊行标志着散文形式的道家经典已经流传到英语世界。20世纪中国古典散文的英译呈现出很多独特的特点：①新的散文译本陆续问世；②与散文关系密切的史学、宗教、哲学研究取得重大进步；③对于中国历代散文作家及其代表作的研究取得突破；④中国古典散文的整体特色和演变历史开始受到重视（王宏，2009）。

古典散文的英译，基本原则是“传神达意”。“达意”是出发点，译者在自己的译文中必须准确地体现自己对原文文本的理解和阐释。单纯“达意”还不够，必须是“传神达意”。“传神”既要包括传达外在的形式，也要包括传达内在的意蕴，如语篇的背景、内涵、语气乃至关联和衔接等等。古典散文英译的最高境界是再现原文的韵味。译者需要加强语言、文化和审美方面的修养，通过准确而富有文采的英文将原作的艺术内涵表现出来。

（1）声响与节奏

古典散文作者通过写景、抒情、论证或创造形象来传达其意图，而作品的审美价值往往是通过语言的声响与节奏表现出来的，这在所有的语言中都普遍存在。因此，要在译文中再现原文声响和节奏之妙。好的译文应该读起来朗朗上口，听起来声声入耳，让读者读得懂、听得懂。

从修辞角度来讲，古典散文的英译应该做到：①选词精确、简洁、具体、生动，搭配合理；②句子多样化程度高，从句子结构、功能、语态、起始方式、长短变化等看，每个句子都有不同于其他句子的特点；③注重句与句、段与段之间的衔接，以期达到篇章组织严密、符合写作要求的内容上的统一和文章的整体连贯。同时要注意，汉语和英语是两种不同的语言，二者之间虽然有共性，但是差别还是很大。汉语散文的特点是“形散而神不散”，英语散文讲究行文的紧凑和严谨。汉译英时，译者需要时常提醒自己汉英之间的差异，用英语思维，用符合英语规范和审美要求的表达法翻译。汉英翻译的“神似”，虚实变化是关键，需要做到加减适当、调整合理、信息中心安排妥当、语段文气连贯通达。

（2）意境和氛围

古典散文都有特定的意境和氛围，这往往通过作者在作品中所表达的精神气质、思想情操、审美志趣以及作品所创造的情景或意象表达出来。因此，古典散文的英译只有保持和再现原文的这种意境和氛围才能使译文和原文具有类似的审美韵味（王宏，2009）。

（3）个性化表达方式

每个作者都有自己独特的表达方式，或明快、或高雅、或简洁、或热情奔放、或充满哲理，因此要研究作者的语言风格，通过语言风格再现作者气质。翻译是语言转换过程，也是文化移植过程。语言的相互转换需要遵循语言规律，文化移植则是读者的需求。翻译是信息转换，也是风格移植，只注重信息而忽略风格，译文往往显得干瘪。

同时，在翻译的过程中还应该注意散文的文本性、依附性、独立性和层面性（王宏，2009）。

第一，提炼出译文的文本性特征，可以纠正这种对译文美的认识局限。古典散文原文是美的，那是立足于中国的审美文化，以中国人的审美标准来衡量的。原文读者和译文读者具有不同的审美文化和审美习惯，译文美与不美，要看译文读者是否欣赏，是否可以从对译文的阅读中获得美感体验（钱冠连，2004）。本书所说的古典散文原文中的美，是原文文本的召唤结构同原文读者审美经验期待视野相互作用的产物。同样，译文的美也是存在于译文与译文读者的审美关系中的。原文读者从自己的审美习惯出发，以自己的视角对比原文和译文谈论译文中美的得失是没有意义的。国内外译者的译文大都使用清新、自然、流畅的语言进行翻译，并不十分注意韵律等在译文中的对应，这不是美的丧失，而正是译文审美文本性的体现。译文的文本性特征提示我们，从审美的角度讲，古典散文的英译要重视读者研究，研究读者的审美习惯、审美趣味和审美期待等问题。对于翻译批评者而言，其应该把自己设想为译者和读者的双重身份，客观地研究两者的能力，做出演绎和论证，对古典散文英译的审美沟通方法进行探索（王宏，2009）。

第二，译文依附于原文的内容、思想主旨和风格等。离开了这些因素，翻译就不能成为翻译了，翻译的文化交流功能和价值也就无从体现了。译文的美依附于原文的审美构成，离开了原文的审美构成，译文的美就失去了根基。分析原文中各个层面的审美构成是进行翻译重要的第一步，这些原文中的审美构成在译文中有的可以找到对应形式，有的只能部分对应，有的就需要用译语灵活重建，还有的审美构成可能就只有完全放弃了。译文的依附性特征提示我们：在古典散文的英译中，原文在整个翻译过程中一直都是直接或间接的参与者，没有原文也就没有译文，原文始终同时起着触发器和控制器的作用（朱健平，2007），即使有译者创造性的造美行为，其美也是依附于原文的审美构成和审美效果的。翻译的再创造离不开原文的一纸蓝图，原文的审美构成和审美效果是译文美的“原创依据”（刘宓庆，2005）。

第三，译文的独立性与依附性不是矛盾的，而是对立统一的关系。按照刘宓庆（1999）的风格标记观来分析古典散文原文与译文，不难看出，译文在音系标记、词汇标记、语域标记、句法标记、章法标记等风格的形式标记方面，都与原文有差异。译文已经是一个迎合当代英语读者的、受译者个人风格和审美选择影响的、有着自己独立美学价值的实体。此外，译文具有独立的美学价值也是由古典散文英译的特殊性决定的。古汉语与现代英语是彼此独立、自主和自足的个体语言，古典散文的英译不但要跨越语言的天堑，还要跨越时空和文化的重重障碍，审美要素的等值是难以做到的。译文虽与原文有不可否认的依附关系、渊源关系，但同时要承认译文文本的独立性，历经时空迁移和语言转换后产生的译文必然是对原文的一种变形。

第四，译文作为一个完整的审美文本，是由不同层面组成的。这不同的层面相互依托，呈现给读者一个美的世界。古典散文的译文可以分为三个层面，也就是说，译者要在话语、形象和意蕴这三个层面的英译上下功夫。译文的三个层面就好像是译者与读者之间进行交流和沟通的三个通道、三座桥梁，译者要把他从原文中获得的审美体验通过这三个通道或三座桥梁传递给译文读者。

2. 古典诗歌的英译

中国古代诗歌的思想内容和艺术形式的结合比其他文学形式都更加紧密，有些诗歌甚至把形式作为表现内容的重要手段。诗歌是具有一定的节奏和韵律的特殊语言，所以人们总是将诗与歌联系起来，甚至等同起来。另外，诗是由并列的短行构成，若干短行组成一节，这就和散文的句子排列、若干句组成一段不同。除了形式上的不同以外，诗的语言特别优美和精炼，往往一个字、一句话就蕴涵无穷的意象和联想，因此可以做到“言有尽而意无穷”。并且，在语言的精炼方面，古诗比现代诗歌更加明显，这是因为古代和现代的写作语言结构不同。通常的情况下，古代语言中四个字就能够表达的意思，在现代汉语中必须用多于四个字的表达来翻译。例如李清照笔下的“人比黄花瘦”，一个“瘦”字就将诗人的离愁别绪和相思的心境刻画得淋漓尽致。读诗并不仅仅是读语言本身，而是透过语言的表象，体味出它背后所蕴含的深意，所以说“诗在言外”。诗歌在形式和语言方面的独特性都构成了译诗的困难。因为翻译就涉及将原诗的形式与内涵用另一种语言忠实地再现出来，使读诗的异国读者能够从译作中获得尽可能与本国读者一样多的共鸣、震惊和美的快感（陈书新，2009）。

而在古诗英译方面，很多翻译批评者注重的是意味。所谓有意味的形式是指语言翻译除了考虑词、句、语篇等的意义之外，还需要考虑两种语言的语音、句式、意象等组合形成的附着在意义上的、对于意义表达有实际效果的组合表现形式。只注意语义的翻译，忽略或不恰当地翻译附着在具体语义上并有具体功能的语言表现形式，会有损翻译的质量。翻译时不可简单地将翻译表达为追求音美、形美和意美，因为这容易让人们分别地去追求不同侧面的语言成分的表达，而音、形、意三者在任何语言中都是有机结合在一起的，有其自身的规律，不可不作深入细致的研究。有意味的形式涉及语言翻译的方方面面，这里仅从音韵、句子形式、修辞格、意象组合等几个方面略作表述。

第一，汉英两种语言的音韵与意义的有机结合在语言作品中表现出的形式规律性有相近和相似的地方，更有不同和相异之处。第二，句子形式的意味在具体的作品中表现的多样性根据具体表达的需要是无穷无尽的。句式功能不同，翻译时的要求也就会不一样。在实际译文中，我们常看到成功的范例，也看到很多翻译不到位的例子。第三，修辞格的翻译在实际的操作中往往有很大的难度，如莎士比亚戏剧中常用矛盾修辞格的形式，很显然汉语中是很少用这样的修辞格的。同样，汉语的一些修辞格在翻译成英语时，其修辞形式及其意味也是需要细致研究，才能够表达出作品的风格和意味。第四，意象翻译的研究，目前普遍注意的是主体的介入程度、主体审美的研究。对于原文意象的有意味形式的翻译如何处理方面，研究是不够深入的。在翻译中，将意象的翻译做到译文能够使原文的意象饱满鲜明，应该是意象诗歌翻译的最高境界。第五，许多经典的作品，多个意象有机组合在一起，构成了美轮美奂的画图，翻译时，不仅要将意象译好，也要注意意象组合之间的搭配关系。

许渊冲（2009）提出了翻译古诗“意美”、“音美”和“形美”的标准。在翻译《唐诗三百首》的时候，他采用了“等化、浅化、深化”的方法来传达原诗的意美；用押韵来传达原诗的音美；而用一个中文字大致译成英文两个音节的形式来表现原诗的形美。但在他看来，“三美”之中，最重要的是“意美”，其次是“音美”，再次是“形美”，这其中不无道理。由于汉、英两种语言的差异，以及语言所携带的文化、历史、意识形态等方面的差异，要想百分之百地传达原诗的“意美”、“音美”和“形美”是很难做到的，甚至是不可能的，因此这“三美”实际上则构成了译诗的“三难”。许渊冲同时也提出了“神似”的观点，他直言指出：现代翻译理论强调结构的对等，但是对等是不够的，翻译的目标应该是优化，应该表达为目的语的最好方式。他接着说：如果对等是最好的，可以对等；如果不是，那么舍“对等”而取“最好”。

从以上的分析可以看出，在典籍英译批评的过程中，不同译本的批评关注的问题是不相同的：在中医典籍的翻译过程中，原文的权威性和科学性、译文的可接受性被视为优先考虑的标准；而在古典诗歌的翻译中，对于“美”的强调和欣赏则占据主导地位。因此，典籍英译批评的客体不同就会造成批评标准的不同，这本身也是典籍英译批评的特殊性体现。

中国古典诗歌是中华民族璀璨文化中不可或缺的一部分，是对外文化交流中最短小精悍的文学作品。关于中国古典诗歌的翻译，长期以来就是争论最多、结果又最少的命题。

20世纪70年代以前，中国本土的翻译家大多数忙于西方诗歌和其他文学作品的译入工作，汉语古诗词英译实践没有形成规模，其理论研究基本上是空白。改革开放以后，越来越多的学者意识到中西文化译介的不平衡现象，开始投入到古诗词英译和研究工作之中，人们的古诗词英译理论意识开始觉醒。这一时期的古诗词英译理论研究者主要是翻译实践者，他们提出了两个问题：一是汉语古诗词应该以什么形式来译；二是应该由谁译。

关于英译中国古典诗词应该采取什么形式，当时中外学者大致有三种观点：格律体、自由诗体和散文体。在20世纪80年代以翁显良为代表的散文体译诗还产生过广泛的影响，人们围绕着“英译汉语古诗是应该努力做到神形兼备还是舍形求神”展开了激烈的讨论。以翁显良和王守义为代表的散体派，主张只要能再现原诗的神韵，不必在乎译诗的形式。而以许渊冲和吴钧陶为代表的格律派主张译诗应神形兼备。这一时期的古诗词英译理论研究者的观点是一致的，他们都把古诗词翻译看成一种艺术，在研究中借助诗学和文艺美学的某些概念，对古诗词英译进行直觉式、经验式、点评式的研究。

第二个问题的提出有着特定的历史背景，但西方译者和中国译者各有所长，互有优势、劣势，他们中间都不乏成功的例子。中国学者的劣势在于译语的地道性，但他们很少发生误译的情况，译文质量总的来说胜过前者（刘重德，2000）。西方学者更懂得读者心理，译文易于被西方读者所接受，但其劣势是容易受文化的羁绊，往往不能透彻理解汉诗的意蕴，误译时有发生。翻译具有多重目的，译者也应该多元化，关键在于他们之间应该相互取长补短。翁显良（1987）认为，“汉诗英译，未必不该由中国人来做”。

20世纪90年代以后，各种翻译理论在古诗词英译领域内找到了各自的适用点，古诗词英译理论研究因此出现了空前繁荣的景象。首先，西方语言学派的翻译理论开始在古诗词英译领域得到应用，其中以奈达的理论如“功能对等”等影响最大。语言学派的翻译理论基本上都属于“等值”翻译理论，强调语言的共性和语言转换的规律性，从理论上支持了诗的可译性和诗的形式的可移植性，极大地鼓舞了古诗词英译者的热情和格律派译诗的信心。其次，诗学范式的古诗词英译理论向纵深发展。大部分学者既不认同那种不分行的散文体译诗，也不赞成必须同时兼顾意、音、形三美的严谨格律派译诗观，而是采取一种折中的态度。

2002年首届全国典籍英译研讨会在石家庄召开，标志着中国古诗词英译界构建古诗词英译理论努力的开始。后来，2003年、2004年第二、第三届全国典籍英译研讨会相继召开，一批古诗词英译理论专著陆续出版，古诗词英译界迎来了理论构建的高潮。因此进入21世纪之后，古诗词英译理论研究的最大特点是，各种路径的研究趋向系统化，开始构建各自的理论体系。

很长时间以来，古诗词英译理论研究主要是在诗学的框架下展开的，诗学路径的古诗词英译理论研究最成熟，贡献也最大。其中，卓振英和许渊冲的古诗词英译理论是近30年来诗学范式的古诗词英译理论研究的总结。这两个理论体系，卓氏理论侧重微观，许氏理论长于宏观，二者相互补充，对古诗词英译实践和理论研究具有重要的参考价值。2003年卓振英出版了《汉诗英译论要》，卓教授从汉诗英译的方法、原则、评价体系、心理过程、译者的素质等方面构建了一个比较完整的古诗词英译理论框架。许渊冲的古诗词英译理论经过长期实践的检验，形成了具有很强指导意义的中国学派的古典诗词翻译理论。

另外，语言学路径的古诗词英译理论构建也异常活跃。黄国文（2004）试图建立一个古诗词英译研究的语篇语言学框架。虽然这一理论体系远不及诗学范式的理论体系成熟，无论从作者的研究目的还是研究内容来看，它基本上是一个古诗词英译本批评的理论框架，没有为翻译实践提供具体的操作步骤。但是，这个框架利用韩礼德的系统功能语篇分析理论从经验功能、人际功能、语篇结构、形式对等、引述、时态、人称等方面对古诗词英译问题进行了较科学而系统的研究，从而为古诗词英译提供了一个全新的视角，具有诗学路径所无法比拟的系统性和精确性。

在语言学路径的诗歌翻译学派中颇具影响而又独树一帜的当属语言哲学的方法。翻译是一种语言的活动，因此语言学的新发展必然会给翻译理论的研究提供新的思路，注入新的活力。近年来语言哲学研究和发展得到了国内外专家和学者的高度重视，而且语言哲学的影响已经深入到了各个领域。因此，本书作者曾试图借助《语言与人类行为》一书中的理论，从另一视角剖析翻译，并且尝试在早已百家争鸣的翻译理论领域中提出一个新的观点——意象诗的翻译可以借助于语言哲学中“原始语言”的概念来实现。

“意象”指文学作品中的文学意象，但与认知语言学的汉语译著中的“意象”并不矛盾，是指出现在短时记忆中的一种类似图画的表征。在中国典籍中，最具代表性的意象作品莫过于马致远的《天净沙·秋思》：枯藤老树昏鸦，小桥流水人家，古道西风瘦马。夕阳西下，断肠人在天涯。在这首短短28个字的中国散曲中就包含了20个独立的意象，它们分别是“枯藤、老树、昏鸦、小桥、流水、人家、古道、西风、瘦马、夕阳西下、断肠人和天涯”。作者独具匠心地将这些词语的意象巧妙地安排在一起，有机组成了一幅幅连续不断的画面。这些意象组合时，它们之间的时空顺序无须表现出来，一个个意象连续不断地呈现出来，形成一个动态的意象流。这样一来，那些表示时空关系的词语就几乎可以被省略，此外，意象的罗列与组合也不可能无限制地加长。

按照语言哲学的理论，诗歌中这些罗列的意象可以通过原始语言完美表达，因为原始语言与人类的语言的区别在于它的不流利性，但是恰恰是这种不流利性在意象诗歌的翻译过程中会形成一种诗化的抑扬顿挫。意象诗句中的每个表示意象的词语之间没有表示逻辑关系的连接词，因此它们之间需要一定的停顿来营造出一种不连贯的美。“枯藤老树昏鸦”的各个词语之间应该留有间隔，而不能像“枯藤旁边的老树上停着一只昏鸦”那样一气呵成。如果用自然语言去翻译，意象诗所独有的节奏就会损失殆尽，而诗的韵味随之会受到影响。另外，原始语言中几乎所有的语言单位都能够在现实世界中找到所指，这也正符合意象的特点。简单地说，意象就是意中之象，是客观物象经过诗人的感情活动而创造出来的独特形象，是一种被赋予更多的主观色彩，表达诗人情感，并且能够在现实生活中找到原形的，能为人所感知的具体艺术形象。意象诗就是通过作者对一幅幅画面进行描述，呈现在读者的面前，而诗歌中的词语都能够在自然界中找到对应。这就说明，原始语言具有很强的意象性。在意象诗歌的翻译当中，“真实严格反映原语”是首要原则，而翻译者的发挥与想象则不宜太多。鉴于以上论述的原始语言的意象性可知它能够准确再现原始自然。所以，只要翻译者能够借助原始语言把原诗呈现在读者面前，读者自己就可以营造一个如见其人、如临其境的场景。并且，对诗歌的理解的大忌就是将其简单化，而翻译者一人之见毕竟是很有限的。所以，译者与其把自己有限的理解强加给读者，倒不如借助于原始语言赋予读者一个思维和想象的广阔的空间。

3.古典戏剧的英译

中国古典戏剧不但是中国文化的瑰宝，也是属于全人类的文化遗产。在过去数百年中，中国戏剧走出国界，将中国的文化价值和审美原则带到了世界各地，成为世界文化交流的重要使者。中国古典戏剧传入英语世界，首先是通过转译。法国传教士马若瑟于1698年来华传教，学会了汉语，然后将《赵氏孤儿》翻译成法语，后来该剧出现了英文的译本。由于这部戏剧的传播，以中国为题材的戏剧在欧洲风行一时，到了19世纪才逐渐降温。

进入20世纪以后，英美学者对中国古典戏剧进行了全面而深入的研究。学者们非常热衷于为古典戏剧撰写通史，这是在中国散文、诗歌、小说领域中所不多见的现象。就中国古典戏剧的断代研究而言，元剧无疑是热点，元朝以前和以后的戏剧都相形见绌。元杂剧是我国古典戏剧艺术的高峰，受到海外学者的瞩目也是非常顺理成章的事情。大量的论文和译著集中在元代戏剧作家及其代表作上面。关汉卿作品在英语世界的流传，首要推19世纪英国外交官汤东（Thomas Staunton），他翻译的《异域录》中就收录有《窦娥冤》的剧情概要。为英语读者所熟悉的元剧还有马致远的《汉宫秋》、王实甫的《西厢记》和纪君祥的《赵氏孤儿》。国外对于明代戏剧的研究远不如元代杂剧集中，但是成果也是斐然可观的。白之于1965年在《中国文学选读》中选译了《牡丹亭》的部分场次，并且于1980年在印第安纳大学出版社出版了全译本。汪榕培的英语韵体全译本于2000年在上海外语教育出版社出版，并由湖南人民出版社列入“大中华文库”出版。

在20世纪90年代末期，《牡丹亭》的四个演出本分别以现代人的精神对这部古典名著进行了全新的诠释，在国内外引起了轰动。国外对于汤显祖的研究早在20世纪初期就已经开始了。关于《牡丹亭》在西方的传播和研究，黄鸣奋先生在《英语世界中国古典文学之传播》一书中做了简单的介绍。汤显祖的《牡丹亭》足以成为与莎士比亚的《罗密欧与朱丽叶》齐名的世界名剧。在所有的翻译和研究之中，翻译工作者作为跨文化交流的先驱，其功绩是不容抹杀的。

第一，《牡丹亭》的第一个英译全译本是由西里尔·伯奇（Cyril Birch）于1980年在美国印第安纳大学出版社出版的。伯奇是美国当代著名的汉学家，他除了翻译《牡丹亭》以外，还翻译了《中国神怪志异》《明代故事选》《中国明代戏剧选》等作品，并且编辑了《中国文学选读》《中国文学类型研究》等书籍。他有关《牡丹亭》的论文除了以上提到的《牡丹亭》（或《还魂记》）和《〈牡丹亭〉结构》以外，至少还有比较文学的论文《〈冬天的故事〉与〈牡丹亭〉》。伯奇的英译以流畅的现代英语再现了原著的风貌，从总体上来说是忠实于原文的，唱词部分和诗体部分都采用了自由诗的形式。

第二，《牡丹亭》的第一个由中国译者独立完成的英译全译本是由张光前教授于1994年在旅游教育出版社出版的，并将在外文出版社出版修改版。

第三，汪榕培在1996年完成了《庄子》的翻译之后，应湖南人民出版社之约，开始英译《牡丹亭》，汪教授为自己的译文制定了“传神达意”的目标。

在翻译学历史上，与其他文体的翻译研究相比，戏剧翻译长久以来都是一个鲜有人问津的领域。前文论及中国古典戏剧在英美国家的传播也有三难：翻译难、表演难、接受难。剧本译者的论断通常暗示着剧本翻译过程中运用的方法和那些运用在散文文体翻译过程中的方法是一样的。体现翻译难的第一个方面是精通汉语的译者凤毛麟角，而对中国古典戏剧感兴趣的汉学家又少之又少。第二个方面的原因是古典戏剧当中有大量的诗词曲赋，翻译戏剧就相当于传递作品中的诗歌意象美，这对于跨文化的翻译来说是非常困难的。第三个方面体现在中国古典戏剧中存在大量的成语典故和专门术语，这对于中国读者来说也是非常困难的事情。第四个方面体现在古典戏剧的配乐上，只是将意思翻译出来是不够的，还应该配上合适的唱词。此外，表演难和接受难的问题也是非常突出的。

因此，戏剧翻译是个异常复杂的领域，其中一个很重要的原因还体现在迄今为止对剧本的翻译单位缺乏公认的明确界定。在翻译过程中，句子通常被认为是自然的翻译单位，但这一说法似乎并不适用于戏剧翻译。因为戏剧剧本通常是由对话构成的，只有在对话统一体中，各个人物的话语意义才能充分展现出来。此外，戏剧作为文化的一部分，不可避免地带有某一民族的文化痕迹。为了使译入语读者/观众更好地理解原作品的内涵，译者有必要在译作中重现原语的语用前提并通过各种翻译手段将文化因素的内涵移植到译入语体系中去。因此，汪榕培提出了戏剧翻译的几个原则：（1）语言流畅，明白如话；（2）语言生动，富有表现力、吸引力和感染力；（3）使用个性化语言表现人物性格；（4）注重译入语的音美和形美（王宏，2009）。

汪榕培的译文应该是实践了以上的原则，并且能够创造性地准确再现原著的风采。他认为，字对字的翻译当然不等于忠实于原文，“妙趣横生”不能译成 the interest flows horizontally，“年已二八”不能译成 at the double eight，“折桂之夫”不能译成 scholar to break the cassia bough，连 laurel holder 似乎也有点勉强。但是，如果把原文中的形象说法都改成大白话，自然也不能说是再现了原著的风采。所以，汪榕培在翻译的过程中，把散体对话或独白部分尽量译成明白易懂的英文，例如把“吾今年已二八，未逢折桂之夫”译成 I've turned sixteen now，but no one has come to ask for my hand。与此同时，他在翻译唱词和诗句的时候，在不影响英语读者理解的前提下，尽可能地保持作者原有的意象，否则就宁肯牺牲原有的意象而用英语的相应表达方式来取代。语言是随着时代的变化而变化的，当代的中国读者对汤显祖的语言也有点陌生了，当代的英美读者对莎士比亚的语言也有点陌生了。而汪榕培的翻译中既带有古色古香的味道，却又不离开当代英语的规范，应该是典籍英译的典范。他在唱词和诗句的部分是用了一番苦心的，他努力用英语进行再创作，以体现原著文字的优美。对于原文的诗体部分及唱词部分，他在一定程度上采用了英语传统格律诗的若干形式。由于汤显祖的《牡丹亭》的唱词是有严格的曲调的，诗体的部分也是采用了格律诗的形式，所以，汪教授在翻译唱词和诗句的时候，以抑扬格为基本格式，音步则可能有差异，因为唱词原文的字数就是长短不等的（王宏，2009）。

4. 古典小说的英译

中国古典小说内容最早的起源，是上古时代的神话传说。“女娲补天”、“后羿射日”等传说，表现了古代人民与自然和社会作斗争的英雄气概，以及他们丰富、天真的想象才能，为古典小说的孕育和产生做了最初的准备。春秋战国时期诸子百家著作中的寓言故事，先秦两汉历史著作中具有较高文学性的篇章，在写人、叙事方面所取得的艺术经验，对古典小说的创作也产生了积极的影响。魏晋南北朝时期的小说作品按其内容可以分为志怪小说和志人小说两大类。唐传奇开始了有意识创作小说的历史时期，标志着中国古典小说进入成熟阶段。从宋代开始，中国古典小说进入了一个崭新的发展阶段。白话小说蓬勃兴起和长足发展的历史局面，业已形成。宋元时期，城市经济发达，适应市民审美趣味的“说话”艺术亦获得了兴盛的各种必要条件，出现了我国最早的白话小说。明清时期，社会政治和经济出现了新的景象，人们的社会生活亦愈趋复杂和丰富，中国古典小说创作也进入了它的繁盛时代，其局面蔚为壮观。明代白话短篇小说以“三言”和“二拍”为代表。清代小说种类繁多，各种体裁的小说蓬勃发展，富有总结性。吴敬梓的《儒林外史》描绘了一幅封建科举制度下的知识分子的百丑图，具有高超的讽刺艺术。曹雪芹的《红楼梦》更是一部为后人“说不尽”的奇书，它打破了传统的思想和写法，将古典小说的体制发展到最为完备的地步。蒲松龄的文言短篇小说集《聊斋志异》，借花妖狐魅的故事，反映了广泛的现实社会生活。

中国古典小说的成就非凡，对其的翻译和翻译研究也渐趋繁荣。在西方，几个世纪以来对于中国古典小说的翻译，特别是与通俗文学有关的章回体小说的翻译持续不断，经久不衰。与说唱文学有密切关系的章回体小说是非常受欢迎的。中国古典小说的英译最值得注意的是明清时期的四大名著《红楼梦》、《水浒传》、《三国演义》和《西游记》的翻译。中国明清时期的长篇小说是中国古典小说的精品，堪称世界文苑中的珍宝。

英国翻译理论家John Cunnison Catford（1965）曾经在《翻译的语言学理论》（A Linguistic Theory of Translation）一书中论及“可译性限度”。他将不可译性分为“语言的难译性”（linguistic untranslatability）和“文化上的难译性”（cultural untranslatability）两种。“语言的难译性”，是指译出语和译入语之间有形体上的差异，而译出语形体上的特点，在译入语中无法找到等值成分，就会构成“语言的难译性”。翻译中国古典小说时，这种“untranslatability”往往造成严重的问题。中国古典小说中颇有涉及谐音的游戏笔墨，读来有点趣味。但是，将汉语译成英语，汉字的语音无法保留，因此原文语音上的特点多半无法在译文中体现出来。针对这些困难，汪榕培提出了中国古典小说英译的基本原则：（1）文化。全球语境中的跨文化交际的对话状态需要我们以全新的方式翻译小说，接受存在异质性，反对狭隘的民族主义。同时我们的翻译需要实现两个功能：在文化上不要让西方的异质文化完全代替中国文化，而在审美上应该追求情感共通性，保持民族特性。（2）语言。中国古典小说的语言受“说话”艺术的影响，形成了讲故事的传统，并且将文言的“深雅”和白话的“浅俗”融为一体，采用明快流畅、雅俗共赏的语言叙述。这些语言特色都应该在翻译中以某种形式得以体现。(3) 人物形象。古典小说的人物形象讲究传神写意，在人物的塑造中追求神似。小说主要是通过典型的人物形象来反映社会生活和表现主题的。因此在翻译的过程中，应该首先研究和剖析作品中人物的语言、行为、动作等的特色，并且设法在译文中体现。

古典小说翻译研究的热点集中在语言文字、诗词、文化、翻译标准及理论几个方面。有一个值得注意的倾向：无论是从文化交流角度还是翻译目的角度，越来越多的研究者从译者、译文读者、原作者、原作读者的关系以及译者的取向的高度来进行研究和探讨，逐渐摆脱了单纯从语言文字方面比较译本得失的简单争论与重复研究。中国古典小说英译的中国译者中，最值得一提的是杨宪益先生，他与其夫人戴乃迭女士合作翻译了中国古典小说《红楼梦》全本、《老残游记》、《聊斋选》和《儒林外史》等。应该说，杨宪益先生是将中国传统文化向世界推介的第一人，他以蔚为壮观的翻译精品和深厚的文化造诣，成为中国译坛名宿。

在众多的中国古典小说中，《红楼梦》独树一帜，成为翻译和研究的重点。在研究中使用的理论以翻译学为主，涉及文学、比较文学、语言学、美学、文艺学等领域，但均未形成系统。由于多数研究是针对《红楼梦》英译本进行的，因此，属于翻译学范畴从各角度和层面来对《红楼梦》英译本进行比较的论文很多，涉及的面非常广泛。

5.古代科技典籍的翻译

中国古代科技成就卓著，曾位于世界先进行列。科技成果作为中国文化的重要组成部分，其哲学基础和命名方面有独特的中华文化的烙印，从一个方面体现着中华文化形成过程的“历史性”(historicality)。孔子认为三皇五帝时代是中国历史上德治仁政的典范，是“王道”(the kingly way) 的黄金时代，逐渐形成了“英雄创造历史”的心理定式。于是，历代的明君圣贤名称及皇帝年号成了中国古代部分科技成果的名称。例如，《孙子算经》《黄帝内经》等。科技领域后来开始大量把书命名为“经”，如《五曹算经》《海岛算经》《艺经》《开元大衍历经》《山海经》《水经》《开元占经》《周髀算经》《茶经》《张邱建算经》《星经》《钤经》《内经》等等。中国古代的科学技术成就甚是辉煌，科学技术著作颇丰，然而到目前为止，翻译及翻译研究的状况却并不乐观。无论专著还是论文多半只是从语言层面进行理解和翻译，致使不少译文脱离历史和文化背景，造成误译。即使在《中国典籍英译》本科翻译专业教材的编写中，也没有涉及古典科技文本的翻译和批评。教材的作者也意识到该教材的体裁囊括了古典小说、古典散文、古典诗歌、古典戏剧，但没有涉及中国古典科技作品的英译，这不能不说是一个遗憾。我们已做好准备，计划在修订该教材时补上中国古典科技作品英译，使整个教材能全面反映中华古代科技文化精髓，做到体裁多样、内容丰富（王宏，2009）。

（1）中医典籍的翻译

在马祖毅与任荣珍合著的《汉籍外译史》第五章中国自然科学著作的外译部分，主要从科学史角度介绍了中医古籍外译的情况。提到达尔文（Charles Robert Darwin）在其所著的《物种起源》《动物和植物在家养下的变异》《人的由来及性选择》三部代表作中曾经引用过《本草纲目》等十部中国古籍的内容。他还参考过其他一些学者所翻译或编译的多种中国博物学相关古籍内容。此书还介绍了《内经》《脉经》《千金要方》《本草纲目》《濒湖脉学》等外译情况，对近代中医学的外译情况也有所提及（马祖毅，1955）。

李照国（1997）在《中医对外翻译三百年析》一文中指出，早在秦汉之际，中国的医药学就已传入今东南亚诸国。然而在我国同那些国家那时所进行的医药交流中，却鲜有翻译活动的记载。该文根据中医翻译在不同时期所表现的特点及所取得的成就，认为可将中医对外翻译的历史划分为五个阶段：第一阶段（1640—1899），这一阶段又可分为两个时期：17世纪中叶到18世纪末为前期，这一时期为中医向欧洲传播的始发阶段；从18世纪末到19世纪末为后期，在这一百年间，中医学在欧洲的传播有了相当的发展，虽然研究和翻译的中心仍集中在针灸方面，但范围却有了明显的拓展。当时对中医的翻译多属综述性的，尚未发现将整部中医典籍译成西文的记载，且没有华人参与翻译。第二阶段（1900—1949）是中医翻译和研究在西方深入发展的时期。这一时期的特点为：①中国学者开始直接参与中医典籍的对外翻译工作，这有利于保证翻译的准确性。②翻译的中心由针灸学转向医学史和药学。这大概与当时中国政府对中医的政策有关。③英语在中医翻译中已占主导地位，基本停止了拉丁语的使用。在第三阶段（1950—1976）中，据该文统计，在1949—1962年这13年间，在西方及中国国内就有91部有关中医的译著出版（其中英语21部，法语32部，德语16部，俄语21部，越南语1部）。译语的这一变化多少也反映出了当时的政治气氛。中医经典著作的翻译被提上了议事日程。如20世纪50年代，美国人Veith将《素问》1~34章译为英语并详加注解。与此同时，广州孙逸仙医学院院长黄雯医师将《素问》前2章译成了英文NeiChing, the Chinese Canon of Medicine（1950）。第四阶段（1977—1989），国外进一步加强了对中医药的研究。1978年，加拿大人Henry C. Lu将《内经》和《难经》的合译本《内、难全集》出版。中医对外翻译工作也广泛地开展起来，罗希文翻译了中医学经典之一的《伤寒论》。1985年，由英国著名学者李约瑟作序，英文本《伤寒论》在中国内地出版。第五阶段自1990年起至今（李照国，1997）。

随着改革开放的不断深入，中国文化正以有史以来从未有过的规模、广度与深度走出国门，而中国典籍英译本的出版为世界了解中国悠久灿烂的历史文化搭建了沟通的桥梁。1995年，旅美华人中医师Maoshing Ni发表《素问》编译本（Nei Ching—the Chinese Canon of Medicine）。1997年，旅美华人中医师吴连胜和吴奇父子发表《黄帝内经》的汉英对照全译本（The Yellow Emperor's Canon of Internal Medicine）。2001年，河南中医师朱明根据高等中医院校五版教材《内经讲义》翻译了《黄帝内经》节选重排译本The Medical Classic of the Yellow Emperor。2003年9月，外文出版社出版了罗希文的《本草纲目》英文全译本。

在世纪之交和21世纪初，国家相继启动两大典籍翻译工程。2004年，由罗希文主持的“中医典籍研究与英译工程”列入了国家社会科学发展规划。2005年，这一课题成为当年的国家社科基金重大项目。“大中华文库”工程是我国历史上首次系统、全面地向世界推出外文版中国文化典籍的国家重大出版工程，工程于1995年正式立项，计划到2009年中华人民共和国成立60周年时出齐包括中医典籍在内的105种著作。2005年，世界图书出版公司出版了由“大中华文库”资助的《黄帝内经素问》李照国的英译本。2007年，新世界出版社出版了“大中华文库”罗希文的《金匮要略》和《伤寒论》译本。

（2）中医典籍翻译的批评

本书作者通过对CNKI（中国知识资源总库）的中国期刊全文数据库和中国优秀硕士学位论文全文数据库进行检索和统计，发现中医典籍英译批评呈现如下特点。

在中医翻译批评基本理论方面的研究基本属于空白，在CNKI的总库综合检索中输入“中医”和“翻译批评”对文献题名和关键词进行搜索，得到的检索结果均为“无匹配”，笔者据此结果推定专门论述中医领域以及中医典籍英译翻译批评的作用、过程、原则、标准、方法研究的文献数量近乎空白（见表5-1和表5-2）。

表5-1　**译者研究检索结果（数据来源，CNKI，2010-01-29）**

译者	Veith	黄雯	Henry Lu	罗希文	Maoshing Ni	吴连胜 吴奇	朱明	李照国
题名检索有效结果	1/8	0/4	0/5	2/5	0/0	0/0	0/1	3/3
主题检索有效结果	7/21	1/16	0/130	2/6	0/0	2/2	1/3	19/21

表5-2　**译者研究检索结果（数据来源，CNKI，2010-01-29）**

检索词	素问	伤寒论	本草纲目	金匮要略	黄帝内经
题名检索有效结果	9/9	0/0	2/2	1/3	22/22
主题检索有效结果	29/36	3/28	3/29	1/10	30/34

在译者评论方面，笔者在CNKI的总库综合检索中输入本书第一部分所列从事中医典籍英译的译者姓名对文献题名和主题进行搜索，得到的检索结果见表5-1。

在表5-1中，1/8的意思是以Veith题名检索结果为8条匹配项，其中有1条经校验为有效（属于本书中所指的中医典籍英译），表5-2中数据表示方法与此相同。

为了去掉上述典籍的其他方面研究，本书在上述检索过程中，分别以“题名”+“书名”+“翻译”和“主题”+“书名”+“翻译”。关于中医典籍英译批评研究中的过程评论和影响研究，鉴于CNKI中所得文献甚微，中医典籍的英译以及英译的批评现状可以从胡庚申的“翻译适应选择论”和“生态翻译学”视角进行解读。在译作评论方面，通过CNKI的总库综合检索，得到的检索结果见表5-2。

生态翻译学核心概念之一就是“翻译生态环境”。翻译生态环境指的是原文、原语和译语所呈现的世界，即语言、交际、文化、社会，以及作者、读者、委托者等互联互动的整体（胡庚申，2009）。翻译生态环境是制约译者最佳适应和优化选择的多种因素的集合。中医难译，中医典籍英译则更难，在中医“存废”的翻译生态环境中从事中医典籍翻译更是难上加难。

生态翻译学另一个核心概念是“翻译过程”。在生态翻译学视野下，“翻译过程”是指翻译是译者不断自我适应、优化选择的循环过程。这一循环过程的内在机制是：适应的目的是求存、长存，适应的手段是优化选择；而选择的法则是“汰弱留强”。翻译是以译者为中心的、译者适应与译者选择的交替进行的循环过程。具体来说，翻译过程是译者对以原文为典型要件的翻译生态环境的“适应”和以译者为典型要件的翻译生态环境对译文的“选择”。这种选择也可以借用到翻译批评中的“翻译过程”研究（胡庚申，2009）。生态翻译学坚持“译者中心论”，以语言、文化及交际三个维度考察译者和译作。

生态翻译学强调自然选择。“自然选择”是达尔文生物进化论中的一个重要内容，即“适应/选择”学说。这一学说的实质是：任何生命体都具有适应自然环境的能力，生命体只有适应了自然环境才能生存和繁衍；或者说，任何生命体的生存和繁衍都是接受自然的选择、适应自然环境的结果。生命体适应自然环境的基本规律是：汰弱留强、适者生存。这就是适应、生存的自然法则（胡庚申，2009）。通过对中医典籍英译的生态翻译环境和翻译过程的分析，表5-1、表5-2中的数字可以验证“适者生存”法则。数字表明，同样是从事中医典籍英译，李照国先生受到的关注更多，罗希文先生在翻译批评领域得到的关注少。《黄帝内经》的英译本在CNKI搜索中可得到20篇以上的翻译批评的文献，这是因为有以南京中医药大学施蕴中为领军人物的基于语料库的《黄帝内经》英译研究团队，这个团队中的硕士论文均为中医典籍英译批评注入新鲜血液：李英照的翻译适应选择论关照下的《内经》病证词语英译、李苹的《黄帝内经》对偶辞格英译研究、赵阳的《内经》音韵英译研究、吉哲的《黄帝内经·素问》四字词组英译研究、傅灵婴的《黄帝内经·素问》语义模糊数词英译研究和张璇的《黄帝内经》文化负载词英译研究。在这样的专业团队的推动下，《黄帝内经》的多个英译本得以“生存和繁衍”；而《伤寒论》、《金匮要略》和《本草纲目》的英译本基本上处于“濒危”状态，亟待学界从生态翻译学角度对这些译本进行有效的生态保护。

从生态翻译学角度来看，中医典籍英译的“翻译生态环境”中的“关联序链”中应该加入“翻译批评”这一环节，同时，生态翻译学可以对中医典籍英译与中医药翻译的本质、过程、标准、原则和方法等做出新的描述和解释，生态翻译学对于完善和重构中医典籍英译的“翻译生态环境”可以起到至关重要的作用。从生态学视角展开的翻译研究，内容会包括翻译生态系统与自然生态系统之间的关联性、类似性和同构性研究；译者与翻译生态环境的相互关系研究；作者/读者/出资者/出版者/译评者等“诸者”与翻译生态环境的相互关系研究；翻译生态系统的内部结构研究；翻译实质/翻译过程/翻译原则/翻译方法/翻译标准等之间的相互关系研究等（胡庚申，2009）。南京中医药大学的李英照的硕士论文《翻译适应选择论关照下的〈内经〉病证词语英译》就是中医典籍英译和中医翻译批评研究的新的有益尝试。

从翻译批评角度来看，翻译批评是翻译研究体系中的必不可少的应用领域，中医典籍英译批评要加强对基本理论、译者评论、过程评论、译作评论和影响的深入研究。在翻译批评的要素方面，中医典籍英译批评的主体、客体和参照系需要进一步完善：①翻译批评主体亟待扩大，其中译者要承担发起翻译批评的任务，在出版译著的同时，应在出版前言和译者注释中主动阐释自己的翻译目的、翻译思想、翻译过程和翻译方法等；译者对复译作品应进行译本比较并做出复译的动机与必要性等方面的说明。“译者中心论”也应体现在翻译批评的“关联序链”中。中医典籍英译批评的主体应包括更多领域的学者。②翻译批评客体中应该涵盖更多的译者和译作，同时要加强翻译过程及影响研究的力度，充分利用现代信息化手段，通过语料库和本体库建设，更加客观、科学地开展描述性翻译批评研究。③在批评的参照系方面，不应局限在中医术语标准化和文化负载等方面，中医典籍承载着中华民族的医学、哲学和文化等多方面的使命，其翻译批评的参照系中应不仅包括语言维度、文化维度和交际维度，至少还要包括医学和哲学这两个维度。

总之，通过生态翻译学视野对中医典籍英译的翻译批评的研究现状进行解读表明，中医典籍英译的翻译批评是扩大中医典籍英译研究生存空间的“典型要件”，在生态翻译学的整体视野下，中医典籍英译的翻译批评会得以更好地“生存和繁衍”。

第二节　典籍英译的翻译批评的本体构建

研究典籍英译翻译批评研究方法和不同文体的典籍英译批评的目的是实现典籍英译翻译批评本体的构建。该本体的构建从本质上说是语义网的形成，语义网会覆盖译者、译本、底本和文化负载词等相关典籍英译的信息，以供翻译批评参照。语义网中的各个不同条项都可以分别成为该网的中心，从而为批评者提供不同的角度。例如，当文化负载词成为中心的时候，批评者可以同时获得相关译者、译本和底本的信息，并且显示这个词在不同译本中的不同翻译，从而帮助他分析译者的目的，进而做出客观公正的评价。由此可见，典籍英译的翻译批评的本体在翻译批评方面的优势有三：其一，该本体的构建不但可以帮助译者对于单个译本的批评，并且还将在多译本比较评价方面显示出强大的功能。其二，该本体能够为典籍英译的翻译批评提供定量的参照，从而使得批评更加客观、公正。同时，该本体会显示很多相关定性研究的信息，从而做到定性与定量的结合。其三，该本体是一个开放的系统，新的知识和信息可以不断地补充进来，从而帮助批评者接触到学术的最前沿。

在典籍英译本体模型和翻译批评本体模型的基础上，充分明确未来本体在知识共享方面和知识重用方面的实际应用，结合领域需求和领域知识资源，本节开始构建典籍英译的翻译批评本体，在此阶段拟解决如下两个问题：本体中概念关系的确定；进一步明确典籍英译的翻译批评本体中的属性（Object Property）。

贾黎莉（2007）通过借鉴叙词表词间关系，以及Protégé提供的一些功能，将本体中的概念间逻辑关系主要分为以下12种：①上下位关系；②等同关系；③与关系和交叉关系；④或关系；⑤非关系；⑥矛盾关系；⑦因果关系；⑧互补关系；⑨动作关系；⑩时间关系；⑪能愿关系；⑫空间关系。

在本体论中，类指实体的集合，而关系指实体之间相互联系的方式。由于类（Classes）也作概念（Concepts）解，则类之间的关系也称概念间关系。概念间关系可能是单向的，也可能是互逆的，有时关系之间还具有传递性。大部分关系都有互逆性，因此，概念关系通常是成对的。

本节详细分析了这12种关系在典籍英译的翻译批评本体中的应用，并结合本领域本体进行具体关系的确定。

（1）上下位关系（subsumption relation）。这是以上位概念与下位概念的程度或水平为基础的，上位概念表示类或整体，下位概念表示成员或部分。

上下位关系是可逆的，概念A是概念B的下位概念，则相对应地，概念B是概念A的上位概念，在OWL中定义以dfssuperClassOf标签来代表这个关系。

由于上下位之间关系包含很广，在本体语言中仅用rdf：subClassOf标签来表示上下位关系是有些不够的。

（2）等同关系（equivalent relation）。内涵完全相同的两个或两个以上概念间的关系称为等同关系。

研究总结认为，本体中的等同关系还有以下种类：①同一概念的不同命名；②俗称与学名；③通用名与商品名；④化学名称与商品名；⑤流行词与过时词；⑥不同书写法；⑦同一语种中不同文化来源词；⑧同一概念的不同译名；⑨简称与全称；⑩全译名与外文缩写词等。

OWL语言使用OWL：equivalentClass标签来表示两个类是等价的。

（3）与关系（AND relation）和交叉关系。与关系是三个概念间的关系，概念A和概念B有且只有部分内涵相同，同属于概念A和概念B的这部分内涵形成了新概念C，则概念C与概念A和概念B之间存在与关系。贾黎莉对交叉关系定义如下：有且只有部分内涵相同的两个概念间的关系称为交叉关系。交叉关系类似于词间关系中的相关关系，但不是所有的相关关系都能归入交叉关系。以下是其归纳的一些交叉关系：①学科或研究领域与其研究对象之间的关系；②相互渗透的学科概念之间的关系；③过程与所用工具之间的关系；④事物与其性质之间的关系；⑤概念与其来源之间的关系；⑥概念与其计量单位之间的关系；⑦过程类似的概念之间的关系；⑧原理类似的事物概念之间的关系；⑨事物与其研究手段、方法的概念之间的关系；⑩形式与内容的概念之间的关系；⑪材料、生产厂家、产地等与产品的关系；⑫事物及其构成材料的概念之间的关系；⑬由相同的一种概念或多种概念衍生的不同概念之间的关系。

由于交叉关系比较复杂，并不是所有的交叉关系在OWL中都能得到表达。但是，如果两个概念可以产生一个交叉概念，则能得到定义。交叉关系相当于布尔逻辑中的“AND”关系。

（4）或关系（OR relation）。如果一个类的内涵是其他两个或两个以上的类的内涵之和，则这个类是其他类的并集，与其他两个或两个以上的类之间存在或关系。概念A和概念B的内涵有一定的交叉，概念A和概念B的内涵之和等于概念C的内涵，概念C的外延等于概念A和概念B的外延的交集。

（5）非关系（NOT relation）。如果概念A包含概念B，概念C表达的含义指除去概念B以外概念A的所有部分，这时概念C与概念A和概念B之间的关系就是非关系。

（6）矛盾关系（antinomy relation）。这是指在同一上位概念下两个下位概念间的内涵完全否定的关系，即两个下位概念内涵相互排斥，但这两个概念的外延之和应大于其上位概念的外延之和。

（7）因果关系（causality）。如果一个类的发生导致另一个类的产生，则这两个类之间存在因果关系。目前，OWL中没有明确表示因果关系的标签。

（8）互补关系（complement relations）。这是指在同一上位概念下的两个下位概念间的内涵完全否定的关系，这两个下位概念外延相互排斥，且其外延之和等于该上位概念的外延。

互补关系和矛盾关系有其相似之处，它们均属于同一上位概念下的两个下位概念，其不同之处在于这两个概念的外延之和等于还是大于其上位概念的外延。在OWL中，使用一个词汇owl：disjointWith属性来定义互补关系。disjointWith是Protégé中最重要的函数关系，是推理机进行推理的前提。

（9）动作关系（behavior relations）。这是概念间关系中比较特殊的一类关系。动作关系指两个类之间存在的相互作用的关系，比较类似于语言学中的“动谓宾”关系。许多研究领域本体的组织和机构曾在自己的领域本体中提出过一些这类动作关系。联合国粮食与农业组织曾在其网站上发布过这类比较具体的关系，包括affects和affectedBy，beneficialFor和benefits from，causes和caused by，growsIn和growthEnvironmentFor等。这些则关系中，有些可以在各个领域通用，有些不可以。并非所有的动词都可直接拿来做动作关系，只有及物动词才能考虑。而且，这个动词还必须能应用于大部分领域。目前在动作关系上没有比较统一的标准和实现办法，这也是本书需要研究的地方。

（10）时间关系（time relations）。这是指事件发生的先后或者指时间概念的先后关系。时间关系可分为before关系、after关系、连贯关系。

（11）能愿关系（wish relations）。这主要指概念之间存在的三种意义：可能、意愿和必须，它反映了两个概念间的一种内在联系。

（12）空间关系（space relations）。这是指事物之间的位置关系。空间关系有很多种，包括LocatedIn关系、beOn关系、beInTheLeftOf关系、beInTheRightOf关系等。

除了Protégé中自带属性外，本书在典籍英译的翻译批评本体中还尝试创建了如图5-1所示的属性，其中大部分属于领域本体中的动作关系（behavior relations）。

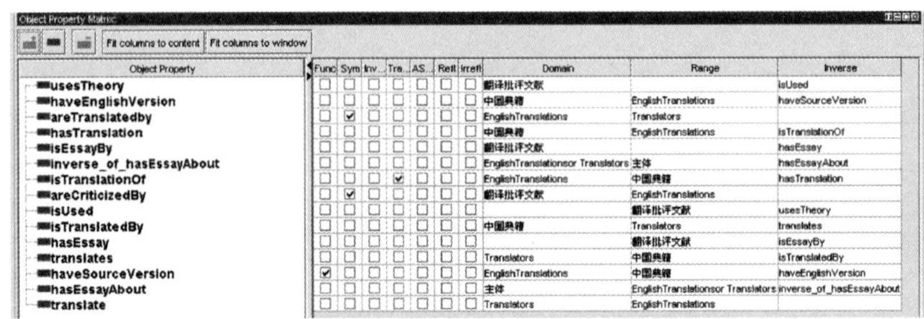

Object Property Matrix

Fit columns to content | Fit columns to window

Object Property	Func	Sym	Inv...	Tra...	AS...	Refl	Irrefl	Domain	Range	Inverse
usesTheory								翻译批评文献		isUsed
haveEnglishVersion								中国典籍	EnglishTranslations	haveSourceVersion
areTranslatedby		✔						EnglishTranslations	Translators	
hasTranslation								中国典籍	EnglishTranslations	isTranslationOf
isEssayBy								翻译批评文献		hasEssay
inverse_of_hasEssayAbout								EnglishTranslationsor Translators	主体	hasEssayAbout
isTranslationOf				✔				EnglishTranslations	中国典籍	hasTranslation
areCriticizedBy		✔						翻译批评文献	EnglishTranslations	
isUsed									翻译批评文献	usesTheory
isTranslatedBy								中国典籍	Translators	translates
hasEssay									翻译批评文献	isEssayBy
translates								Translators	中国典籍	isTranslatedBy
haveSourceVersion	✔							EnglishTranslations	中国典籍	haveEnglishVersion
hasEssayAbout								主体	EnglishTranslationsor Translators	inverse_of_hasEssayAbout
translate								Translators	EnglishTranslations	

图5-1 典籍英译的翻译批评本体中的概念属性

在创建属性时，本书尝试着通过区分英语动词单复数来区分类属性和个体实例的属性，比如，translate用来表示“译者”类翻译了“译作”，translates用来表示个体实例“汪榕培”翻译了“道德经”。本书中的领域动作关系和这种在属性中的动词数的使用的领域通用性还有待于进一步实践检验和完善。

第六章　基于文化负载词的双语领域本体与典籍英译描述性批评标准

第一节　文化负载词与典籍英译批评的描述性批评标准

传统的翻译研究中经常将翻译的标准和翻译批评的标准通用或混淆，这从某种程度上说是可以理解和接受的，因为翻译标准与翻译批评标准本质上相同，一般可以互换使用。在我国的典籍英译研究中，译者和翻译批评者们都遵循了传统翻译的标准。

但是，典籍英译和典籍英译批评终究不是等同的概念，它们之间存在诸多的不同之处。二者的差异体现在译者和批评者对标准把握的差异、两个标准切入的角度不同、二者的对象不同等等。并且，起源于典籍英译标准的批评标准大都着眼于对译本感性的评价和分析，因此突出的是典籍英译的艺术性。但是，在典籍英译以及研究日益科学化的今天，笔者认为应该建立典籍英译批评的理性和科学性的参照系，从而使得对译本的批评和研究更加客观。鉴于典籍英译的特殊性，本书以描述翻译学为理论基础，在同一典籍多译本评价中，尝试探索以文化负载词的不同英译为切入点的典籍英译批评标准。

（一）文化负载词

众所周知，翻译是两种语言之间沟通的桥梁，而语言又是文化的载体，因而译者在翻译源语时也必然是在介绍和传播源语所体现的文化。“中国古籍是中国传统思想文化的结晶，它在思想内容、语言形式、文化意蕴等方面都有不同于现代作品的特点。如果说一般的翻译要沟通两种不同的语言、文化和受众，那么古籍作品的翻译则要跨越时间去沟通。”（蒋坚松，2001）换言之，典籍英译是一种跨空间、跨文化的交流，译者在翻译中国文化典籍时必须考虑每个字词可能包含的文化意蕴，尽可能地予以移译。语言可以转换，甚至可以归化，但文化特色却不宜改变，特别不宜归化，一定要真实地传达出来。因此，文化传真应是翻译的基本原则（张柏然和许钧，2002）。但由于文化差异的存在，文化意蕴的传达必然会成为文化典籍翻译中的难点和障碍。而对于典籍英译来说，文化意蕴的载体就是文化负载词。

（1）典籍英译中的文化负载词

文化负载词，也称文化术语或文化实体词。文化负载词在翻译中既是难点又是重点，译作的成败在很大程度上取决于文化负载词处理的好坏。因此，文化负载词的英译不仅需译者精通英、汉两种语言，更需译者对中西方两种文化都有正确、全面的了解。在典籍英译中出现和涉及的文化负载词现象不胜枚举，例如，王宏印（1998）对“一画”概念的厘定论述表现了中国文化负载词的厘定之难。像“一画”这类反映中华民族特色的事物、思想和观念的中国文化负载词在古籍中不胜枚举。又如儒家所信奉的“礼”，中医基本理论的核心“阴”“阳”“气”，《易经》首卦的“乾”等。像“气”字，从中医来讲，有功能之气，也有物质之气；有先天之气，也有后天之气，“气”之前总要带上一个或几个其他的字表示它的不同功能或性质才能得出一个较为具体的厘定。如果译为 vital energy，总觉未能体现其文化意蕴，因而在探讨它在调节人体机能功用方面的本源之后，采用英语中汉字“气”的音译“Qi”作为中心词，并加以适当限定修饰来厘定具体语境中的变体，于是就有“原气”译成“Primary Qi”，“先天之气”译为“Congenital Qi”等。

（2）文化负载词为典籍英译的重点和难点

从语言本身来看，对中国文化负载词的理解过程实际上就是语言学和符号学的解读过程。有些词本身就存在语言模糊性即歧义问题，再加之古汉语中采用的通假、假借等造字手段和文中大量用典等现象，造成文化词的所指对象难于确定。不同文化或亚文化背景的人对同一文本甚至某一文化词的理解和解读也可能截然不同。再者，文化典籍中有大量的文学典籍，如诗歌、戏剧等，它们的语言并非做一个单纯的能指符号系统来传达作者的所指，而是作者对实用推理符号进行加工后的“陌生化”的符号系统（张柏然和许钧，2002)。文学符号的所指不再是语言能指经验化的现实世界，而是经验化世界被隐语化的象征世界，是概念世界之所指。

在典籍英译中，中国文化负载词的传译难点和重点已经在诸多翻译家和翻译批评家中达成了共识。译者对典籍作品，尤其是对中国文化负载词的理解和诠释是翻译的前提，它将关系到译者能否进行深层解读、能否传译出文化底蕴的问题。而这种理解之难既有语言上的因素也有文化上的因素。“就语言本身而言，理解其表层意义不难，理解其深层意义、联想意义、‘言外之意’难。这里还有语境、语言模糊性、方言行话等方面的问题。就文化内涵而言，除了语言与文化的关系外，还有原作者及原读者的民族、历史、地域、社会等文化背景的问题”（沈苏儒，1998)。王宏印（1998）也曾经指出，中国古典文化典籍英译的难点之一在于基本概念难以确立，而其中最困难的问题又在于文章中许多概念缺乏明确界定，因此造成概念含义的模糊不清与术语运用的游离不定。

（3）典籍英译领域中对文化负载词的翻译和批评研究

文化负载词因为是典籍英译的重点和难点，也成为众多翻译家和翻译批评家所关注的对象。汪榕培以独创的“传神达意”原则，为文化负载词的翻译开辟了蹊径。中国文化负载词的表达是译者在准确、透彻、全面理解的基础上，用译语将其意义内容和神情风格恰当、充分而自然地传达给读者，即做到“传神达意”。“传神就是传达原作的神情，包括形式（form)、语气（tone)、意象（image)、修辞（figures of speech）等等。达意就是要表达原作的意义，尤其是深层意义（deep meaning），照顾表层意义（surface meaning）。”（汪榕培，1997）其中，传神是达意的修饰语，主要是要达意。对于汉语典籍作品中的中国文化负载词，有时连我们母语读者也只可意会而不能言传。如何表达其内容并为目的语读者所接受又不能丧失文化色彩，是译者在传译时所必须解决的问题。“表达阶段的一个大问题，也是自有翻译以来就出现的古老问题，即如何正确地认识和解决两种语言、两种文化以及在不同时空条件下的两种受众的差异。”（沈苏儒，1998）如果说正确认识两者之间的差异主要是个理解问题，正确地处理这种差异以便沟通两者则主要是个表达问题。

（二）典籍英译批评标准

中国的翻译理论研究一直把翻译的标准、翻译评估的标准和翻译批评的标准视为一物。这种操作指向了几种标准之间的相同之处，因为毕竟中国的翻译理论研究一直把翻译的标准和翻译批评的标准等同起来。既然译者在翻译时是按照一定的翻译标准进行的，那么翻译批评者用同样的标准进行翻译批评也是无可厚非的。

（1）典籍英译标准作为翻译批评的定性研究的依据

传统的翻译研究中经常将翻译的标准和翻译批评的标准等同，这从某种程度上说是可以理解和接受的，因为翻译标准与翻译批评标准本质上相同。在我国的典籍英译研究中，译者和翻译批评者们都遵循了传统翻译的标准，从马建忠的“善译”，到严复的“信、达、雅”，到傅雷的“神似、形似”，再到汪榕培的“传神达意”等等。从典籍英译批评的实践来说，如果某位译者尊奉“信、达、雅”翻译标准，那么，在评论某个译作时，他就会按照“信、达、雅”的要求去衡量、评判该译作，他会就这三个方面的传译质量做出评判；如果译者用“等值”或“功效对等”作为翻译标准，那么，在评论译作时，他就会用“等值”或“功效对等”去作翻译批评的标准。由此看来，典籍英译标准和典籍英译批评标准实际上是一回事。

因此，典籍英译的标准可以作为翻译批评的定性研究的标准与参照，尤其是译者自身作为翻译批评的主体的时候。例如，汪榕培在长期的实践中不断检验和完善自己的“传神达意”的翻译标准，不但为翻译实践提供了大量的实践经验，也为翻译批评提供了充足的理论依据，引导其他翻译批评的主体在“传神达意”的框架下进行译作的批评研究。因此，典籍英译的标准可以帮助批评家对译本进行主观的和感性的批评与欣赏，因此可以成为翻译批评的定性研究的依据。

（2）典籍英译翻译标准与典籍英译翻译批评标准的不同之处

虽然翻译标准与翻译批评标准有很多相似之处，但是它们毕竟是两个用途不同的标准，因而有所不同。而在典籍英译的研究过程中亦是如此。

首先，典籍英译标准与典籍英译批评标准的不同表现在各自切入的角度不同。典籍英译标准是译者翻译时要达到的最终目的。例如，我们可以说“信、达、雅”或“功效对等”是译者所追求的目标或者说要达到的目的。典籍英译批评标准则不是翻译批评者在进行翻译批评时要达到的最终目的，而是在翻译批评时所使用的工具。例如，我们不能说“信、达、雅”是典籍英译批评者要达到的目的。所以，典籍英译标准是译者的目标或目的，而典籍英译批评标准是翻译批评者使用的检测工具。

其次，典籍英译标准与典籍英译批评标准的不同表现在各自主客体的不同上。典籍英译的主体是译者，而典籍英译批评的主体是批评者。批评者除可以是译者外，还可以是其他人。二者的客体也不一样。典籍英译的客体是原文。批评的客体可以是译文、译事、译者、译评，包括对译者的研究，对译者的翻译能力、翻译技巧等进行评说，从而进一步阐释、评论译者的译作。译者在判断翻译是否符合标准时，通常以原文和译文为对象，进行对比。

此外，典籍英译标准呈“静态”，而典籍英译批评标准呈“动态”。典籍英译标准是译者既定的目标，所以，标准只涉及译者本人的翻译行为，译者认定的翻译标准在译者的潜意识中指导他的翻译实践行为，这样，典籍英译标准在翻译过程中呈静态。典籍英译批评标准所涉及的对象包括译者，译者是翻译批评的对象之一。典籍英译批评者从翻译理论的高度剖析翻译作品以及有关的各个方面，这是一个复杂的过程，这个过程的完成需要典籍英译批评者以翻译理论和翻译批评理论为依托，站在一个与译者不同的角度去审视、分析、理解原文，同时对翻译者进行研究，然后对译文从行文到文体、从思想到艺术进行深入的对比和思考。所以，我们说，典籍英译批评标准处于一种“动态”的状况中，批评者用典籍英译批评标准对译作、译者等进行批评活动。译者当时翻译所选定的翻译标准，随着时间的推移，内涵意义可能因人们对其的理解改变而改变。

（3）基于文化负载词的描述性典籍英译翻译批评标准

典籍英译的翻译标准可以作为某些翻译批评主体（尤其是译者作为翻译的主体）的翻译批评标准，对翻译的客体（主要是指译作、译者、译者影响力等）进行主观的定性研究。“信达雅”“传神达意”，在翻译批评主体对客体进行的宏观评价或理论批评中，是必要的参照系。然而，典籍英译和典籍英译批评之间在译者和批评者对标准把握、两个标准切入的角度、二者的对象等方面存在诸多的不同。并且，起源于典籍英译标准的批评标准相对感性和主观。因此，在典籍英译以及研究日益科学化的今天，翻译批评不仅要包括宏观的定性研究，也要包括微观的定量研究。笔者认为应该以描述翻译学为理论基础，建立典籍英译批评的理性和科学性的参照系，从而使对译本的批评和研究更加客观。

在描述翻译学的大背景下，以上的定性翻译标准的可操作性较弱，可以量化的信息不够多，因此必须寻找一个切入点，进行量化的翻译批评研究。在典籍英译批评研究的过程中，可以发现诸多的切入点，但是本书决定以中国典籍中的文化负载词为切入点，进行描述性的定量研究。

这种决定首先基于典籍英译特殊的翻译过程。中国典籍的英译过程是一个把古代汉语转换成现代英语的过程，而从源语（古代汉语原文）到目的语（现代英语）的转换经历了语内翻译和语际翻译两个阶段。第一个阶段进行的是语内翻译，即用现代汉语完整、准确地理解典籍的古汉语原文。这是一个在汉语系统内进行的翻译，源语是古汉语，目的语是现代汉语。第二个阶段进行的是语际翻译，即用现代英语完整、准确地表达古汉语原文的现代汉语意思。这是一种跨越语种进行的翻译，源语是现代汉语，目的语是现代英语。从典籍英译的整个过程来看，第一个阶段的任务主要是借鉴和吸收历代善注善译的成果，完整、透彻地把握典籍。在第二个阶段，译者对古文有了比较透彻的理解，而后的任务就是要用英文准确、传神地表达典籍中的古文意思。

在典籍英译的第一个阶段中，最重要的就是对其中的“文化负载词”咬文嚼字。典籍中的中国文化负载词虽是只言片语，但却字字珠玑，它们经历了历史的沉淀，言简意丰，文化负载重，文化意蕴深。对它们的诠释和理解非“咬文嚼字”不可。因此，在这个阶段，对文化负载词的理解以及从古代汉语到现代汉语的翻译是重点和难点。

在第二个阶段，译者应仔细揣摩这些文化负载词在中西文化中的思想意识内涵，尽可能在移植文化时做到最大限度地忠实和等效，尽可能地让译语读者从理解这些词语负载的文化信息中更深入地了解和鉴赏中国古典文学。

由此可见，不论是在典籍英译的第一阶段还是第二阶段，对于文化负载词的理解和处理都是重点和难点，而这些词汇的翻译也是最能体现译者风格和译文质量的要素，因此，笔者提出，应该从描述翻译学的视角出发，建立典籍英译批评的理性参照系，在这个参照系中，文化负载词的翻译可以作为一个观测点。

此外，基于语料库的翻译研究为翻译批评提供了很好的量化研究基础，通过语料库可以科学量化地显示词频、译本用词总量、词长等。基于统计的信息，学者们进行大量的包括译者风格的研究，同样，以描述翻译学为理论前提的、基于本体的翻译研究或翻译批评标准研究，可以在基于语料库的统计方法上进一步引入基于语义的研究方法，充分利用领域本体在概念语义分类与关联方面的优势。基于本体可以为描述翻译批评研究提供一个新的研究方法。

第二节　基于文化负载词的典籍英译批评的双语领域本体的构建与扩充

在本书中，基于文化负载词的典籍英译翻译批评的双语本体的构建旨在探索典籍英译的新的微观量化的翻译批评标准。本书针对中国典籍的“文化资本”特性以及其翻译过程中从“语内翻译（中古文—现代中文）到语际翻译（汉语—英语）”的特殊翻译过程，以文化负载词或文化本语为出发点，进行本书中的双语领域本体构建。同时，本书也在探索以文化负载词的翻译为具体量化指标的典籍英译的翻译批评的微观量化的批评标准。“中国典籍”是“中国文化负载词”的来源，“中国文化负载词”是“中国典籍”中的“文化资本”的重要组成因素。

典籍英译的过程是发现“中国文化负载词”的最佳途径之一，在具体翻译过程中，译者会不断地发现因文化差异所造成的“文化空白”或“文化缺失”。典籍英译的高难度决定了其译者的高素质，因此，从事典籍英译的译者群体相对较小，基本上由国外汉学家和国内精通双语的文化学者组成。本书中的领域本体会进一步扩大乃至无穷尽地对典籍英译的译者部分进行建设与研究。

典籍英译的高素质译者，他们的语言基本功大都深厚，因而以简单的“误译”“漏译”“归化”“异化”来作为典籍英译的翻译批评标准就过于简单，无论是从“译者主体”还是“接受主体”角度，这类的翻译批评标准都有失科学性。译者基于不同的翻译目的，结合源语与目的语的语言差异性、文体差异性（古典诗歌翻译中音韵与意义的平衡）等因素，在不同的翻译理论和翻译标准指导下，采用了不同的翻译策略和翻译方法来处理文化负载词的翻译。典籍英译中的文化负载词的常见处理方法有音译、直译、意译、转译和省译。音译分为音译加注释、音译加汉字、音译加汉字加注释等不同的方法，具体的音译因为时代、译者背景等不同而不同，有现代汉语拼音音译、目的语（英语）音译、港台语音译等音译方法，如老子有Laozi、Laotse，道有Dao、Tao等不同译法。

有些处理方法为借助自助手段进行文化术语的发现与抽取提供了方便条件，比如“大中华文库”所收录的湖北出版社1992年出版的“汉英对照中国古典名著丛书”中的《老子》是难得的原始材料，该版本为汉英对照、文白对照，由英国著名汉学家韦利英译，今译者为译界权威陈鼓应，同时由当代国内著名学者傅惠生校订。

在本体知识重用方面，以文化负载词的不同翻译方法为出发点，可以客观地为典籍英译的批评提供一个量化的标准与参照，用来进一步深入研究译者风格与多译本的比较。基于字词的双语本体中关于文化负载词的研究虽然不能作为翻译批评的“试金石”，至少可以作为描述翻译学视角下的翻译批评的变量。

本书参考的国内外双语本体研究的文献较少，目前建成使用的汉英双语本体为中国台湾的SUMO（Suggested Upper Merged Ontology），其网址为http：//www.ontologyportal.org/，是由IEEE标准上层知识本体工作小组所建置。这个工作小组的目的是发展标准的上层知识本体，这将促进数据互通、信息搜寻和检索、自动推理和自然语言处理。知识本体（ontology）类似于字典或者术语表，但是能使计算机处理更多内容的细节和其结构。知识本体包括将人们有兴趣的领域正规化为一套概念、关系和公理（axiom）。SUMO希望最高层次的知识本体，鼓励以其为基础衍生出其他特殊领域的知识本体，并为一般多用途的术语提供定义。

在《基于英汉双语语料库的英汉双语Ontology的建立与管理》一文中，中国海洋大学计算机应用技术硕士黄新艳探索性地研究了基于汉英双语语料库，利用国外一些比较成熟的英文本体来建立为我们自己所用的英汉本体，这种方法为本体的建设开拓了一条全新的思路，具有创新性，对我国本体的建设以及相关领域研究与发展产生巨大的推动作用；该方法比自己去建立本体，节省了很多人力和物力，并且达到的效果可能会更好。其设计的java双语本体转化程序Transform. java，采用的是一种类图的遍历思想，结构巧妙，完全能够实现从英文本体到英汉本体的转化；建立了一个最优翻译等价对库，该翻译等价对库直接运用于英汉双语本体转化，同时通过完善可以用于英汉跨语言信息检索、英汉机器翻译及英汉双语词典的编撰等方面。

在SUMO上层本体的基础上，中国台湾学者建成了Sinica BOW数据库，该数据库以英文WordNet架构为基础，并以台湾地区的语言使用为经验基础。提供的信息包含中英双语跨语言信息转换、语言信息与概念架构（知识本体）的连接、词义的区分与词义关系的连接以及使用领域，在使用语言与词汇数据的基础上，提供了知识运筹的基本架构。其旨在使不同来源的知识内容可以转换成互通的（inter-operable）信息。图6-1为Sinica BOW的系统架构图。

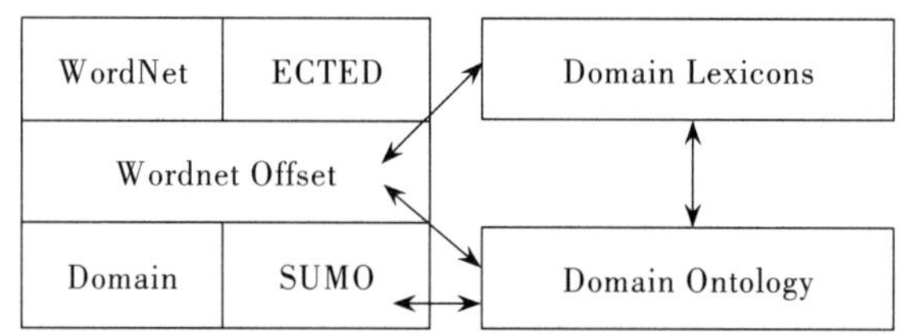

图6-1 Sinica BOW的系统架构图

同时，以SUMO为基础，中国台湾学者还构建了“唐诗三百首知识本体”和“鱼类知识本体”两个主题的领域知识本体。试着从唐诗三百首所使用的“植物”“动物”“人造物”主题词汇出发，利用WordNet词义和词义关系等信息的验证并加以连接，在SUMO的基础架构下进而建置唐诗三百首领域知识本体。系统接口可显示加入WordNet语义信息后知识本体以及词汇分布的差异，唐代的知识架构因此可被验证，例如：有袋类动物并不出现在唐代，有关鸟类或有翅膀的昆虫词汇则广泛分布于诗中，这正符合唐代时兴的飞天观念(Huang，2004)。

在“唐诗三百首知识本体”的构建中，采用了“莎士比亚花园法”。“莎士比亚花园”是指有学者将其文本中所有关于植物词汇进行收集，建置成一个“花园”，其目的在于解释莎士比亚作品中有哪些是和植物相关的，便于学者翻译的工作，也就是说知识架构隐藏在语料库中，词汇库是一个概念原子清单。例如，一时代一作者或一领域的完整文本代表就是该时代这位作者的知识结构（Huang，2004)。

本书借鉴“莎士比亚花园法”进行基于文化负载词的典籍英译翻译批评双语领域本体的构建：对特定典籍文本中的中国文化负载词进行发现、识别和抽取，建成一个文化“花园”，这个“花园”的目的在于形式化地显性展示某一特定典籍中有哪些核心中国文化元素以及这些核心概念之间的关系（如图6-2所示)。

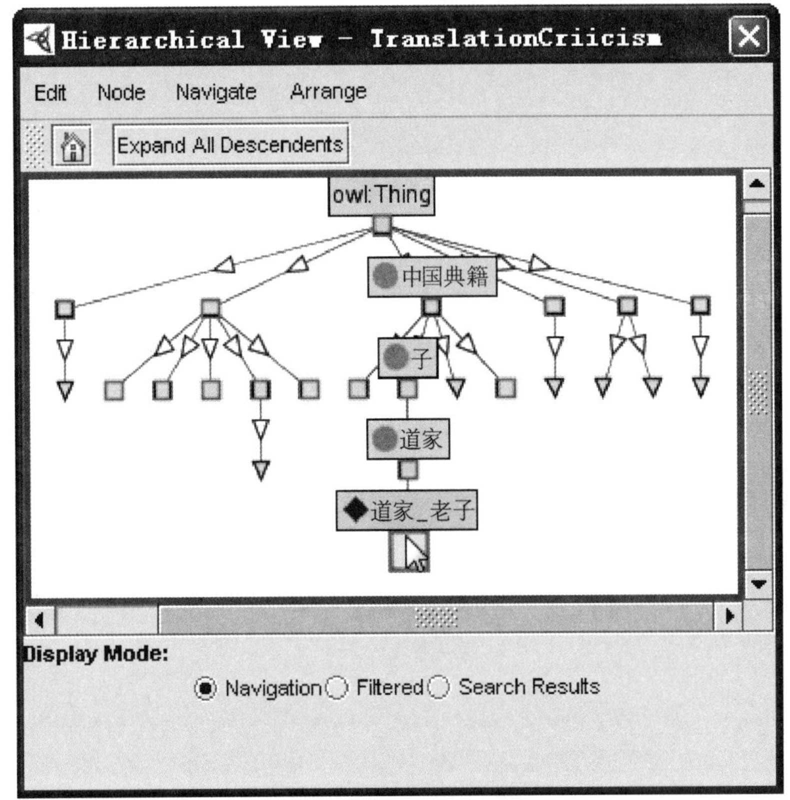

图 6-2 双语领域本体导航视图

本书前面章节中所建造的双语本体是由人工方式完成的，本章中将探索运用正则表达式在文本匹配方面的优势进行自动加人工验证方式进行本体的扩充，以利于知识的流变（evolution）。

本体说到底就是一个大的词汇表，而在本书的双语本体中，本体中的个体或实例首先是双语对照的概念对，然后再批量添加到此前人工构建的本体模型中，以完成本体的扩充。使用计算机自动完成从异构的现有的典籍英译文献中抽取汉语典籍词汇以及与之对应的英文翻译成为快速扩充词库的最好手段。

这个抽取面临的问题主要有两个：其一，如何实现具有特定模式的文本的匹配，即在文献中快速地找出汉语典籍词汇以及与之对应的英文翻译；其二，面对来源广泛的文献，每种文献的目标抽取文本的模式略有不同，如何保证程序的通用性。针对这两个问题，本书中选择正则表达式来实现目标文本的匹配。首先，正则表达式是用于模式匹配的专用语言；其次，针对不同的模式，正则表达式可以灵活地构造不同的专用语言来实现模式匹配。所以，正则表达式可以很好地解决项目中词库建立的问题。

在使用正则表达式实现词汇抽取的过程中，本书通过简化正则表达式规则来提高正则表达式的运行效率，通过设计正则表达式生成器来降低正则表达式的使用难度。

如表6-1所示，在通用的正则表达式的规则中元字符有11个，为了处理这些元字符，正则表达式处理程序中至少要出现11个判断语句，即正则表达式中的一个字符可能要经过11次判断才能判断出与待搜索文本中对应字符是否匹配，所以，现有的正则表达式软件包都非常庞大。grep中的代码长度超过500行（大约10页书的长度），并且在代码周围还有复杂的上下文环境（丁晶等，2007）。Java中开源的正则表达式处理包则更为庞大，比如jakarta-oro包就有65.7KB大小。这是因为这些软件包要综合考虑灵活性、通用性、运行速度以及各种复杂的应用环境。

在使用标准正则表达式的过程中，如果用户希望在完成文本匹配时实现效率的提升，唯一的办法是通过先分析待检索的文本的特性，然后写出符合待检索文本模式的正则表达式字符串。这样做可以在降低一部分匹配正确率的基础上提高程序的运行效率。比如针对通用的HTTP URL：http：//hostname/path.html，其对应的简单正则表达式为：http：//[^] *\.html?。很明显，对于一般的URL，这条正则表达式可以匹配，但是对于形如http：//.../.html的URL，该正则表达式也可以匹配，所以如果用户可以确认欲搜索的文本中不含有形如http：//.../.html的URL，就可以使用上面这种简单的正则表达式实现对目标文本中URL的匹配。

不过上述方法对于效率的提升空间是有限的。由上节可知，通用的正则表达式的元字符有11个，在元字符的判断上会花费很多的时间，如果可以根据需要，减少元字符个数，正则表达式效率上的提升将是巨大的。

表6-1　　**通用的正则表达式部分元字符表**

字符	含义
$	匹配输入字符串的结尾位置。如果设置了 Rege 对象的 Multiline 属性，则 $ 也匹配'\n' 或 '\r'。要匹配 $ 字符本身，请使用 \$
（　）	记一个子表达式的开始和结束位置。子表达式可以获取供以后使用。要匹配这些字符，请使用\\ （ 和 \）
*	匹配前面的子表达式零次或多次。要匹配 * 字符，请使用 *
+	匹配前面的子表达式一次或多次。要匹配 + 字符，请使用 \+
.	匹配除换行符 \n之外的任何单字符。要匹配 .，请使用 \.
[	标记一个中括号表达式的开始。要匹配 [，请使用 \[
?	匹配前面的子表达式零次或一次，或指明一个非贪婪限定符。要匹配 ? 字符，请使用 \?
\	将下一个字符标记为或特殊字符、或原义字符、或向后引用、或八进制转义符。例如，"n" 匹配字符"n"。"\n" 匹配换行符。序列 '\\' 匹配 "\"，而 '\(' 则匹配 " ("
^	匹配输入字符串的开始位置，除非在方括号表达式中使用，此时它表示不接受该字符集合。要匹配 ^ 字符本身，请使用 \^
{	标记限定符表达式的开始。要匹配 {，请使用 \{
|	指明两项之间的一个选择。要匹配 |，请使用 \\|

本书提出的解决办法，是根据待搜索的文本的实际情况，选择使用元字符，建立符合特定需要的正则表达式匹配器。项目中各种不同来源的中国文化术语及其翻译的结构格式一般为：儒林外史 \（The Scholars）；儒林外史 The Scholars；（The Scholars）儒林外史。抽象成模式为：中文词组 （英文词组）；中文词组 英文词组；（英文词组）中文词组。项目中的文本匹配中只要处理中文字符和英文字符，模式中出现的其他符号只要原样匹配，这样就建立了简化的正则表达式模型（见表6-2）。

表6-2 **简化方案元字符表**

字符	含义
#	匹配任意的汉字
@	匹配任意的英文字母（不区分大小写）
*	匹配前一个字符的0个或者多个出现

本研究的重点不是通用性，而是运行效率，所以选择使用自行设计正则表达式程序来处理模式匹配，这样做虽然减弱了正则表达式的通用性，但是与使用标准的java正则表达式软件包相比，系统处理特定模式文本的效率更高。与标准的规则相比，这个简化版的规则将元字符的个数精简到3个。

match（）函数采用递进的方式在目标字符串中进行模式匹配。match中textpos的值会以步长1自加，从而遍历一遍字符串。“matchhere（）==1”这句是调用matchhere函数执行匹配操作，通过返回值判断是否找到一个匹配的模式文本的，如果找到，则打印模式匹配到的文本；如果没找到，执行语句“if（regepos>0）textpos--;”。这条语句用来控制对于目标字符串的递进操作回溯。逻辑上，如果字符串与正则表达式中在除了第一个字符外的某个位置上发生不匹配，则新的匹配应在字符串中发生不匹配的位置重新开始；但是如果字符串与正则表达式在第一个字符处发生不匹配，则新的模式匹配应该从字符串中不匹配发生的下一个位置重新开始。这句代码就是实现这个逻辑，通过判断匹配不成功时正则表达式进行到的位置来控制目标字符串中匹配重新开始的位置，通过将regepos归零来表示模式匹配重新开始，将textpos增1表示从下一个位置开始新的匹配。

图6-3描述了程序如何从一段作为示例的文本中自动提取模式的过程，这个图做了一定的简化，省略了对目标字符串的遍历过程。程序完全使用java的基本包编写，不用添加任何java扩展包。通过“if（text［i］>=0x4e00&&text［i］<=0x9FA5）”这句代码判断当前例子中指向字符是否为中文，java中对于字符是按照UTF-8编码进行处理的，汉字在UTF-8编码中的范围是十六进制的4e00到9fa5。“match+="#*"”是在

正则表达式中添加代表汉字的特殊字符以及“*”，加上“*”说明汉字字符可以重复出现。例如用户输入一个例子“中国（China）”，系统会将这个例子转换成系统可以识别的正则表达式“#*（@*）”；又比如用户输入的例子是“美国 the USA”，系统会识别例子，抽象出对应的正则表达式“#* @*”。如此，用户就可以在不了解正则表达式规则的情况下使用正则表达式来工作。

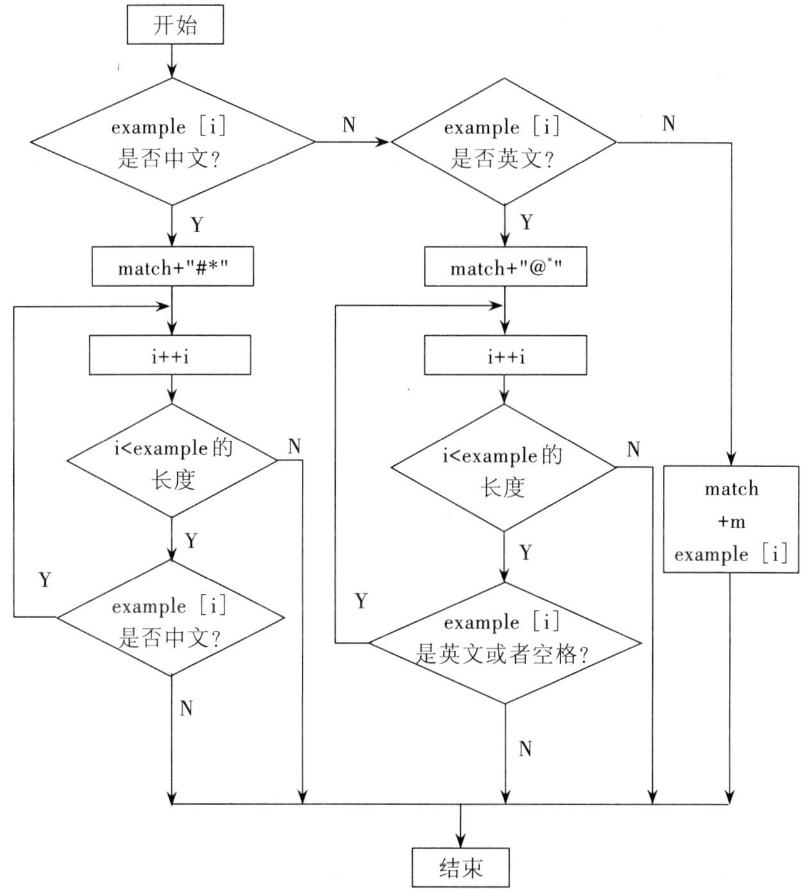

图 6-3　正则表达式生成器流程图

本项目中的实验样本选自由中华人民共和国教育部主管、高等教育出版社、斯普林格（Springer）公司共同创立的“中国学术前沿期刊网”中的“文学研究前沿”（Frontiers of Literary Studies in China）部分的 .pdf 格式的文章。样本 1 的文章题目为 The eastward transition of Chinese culture in the Eastern Han Dynasty and the north - south difference of scholarship & literature in the Eastern Jin, Southern and Northern Dynasties，该样本中中国文化术语在文中的格式为“中文术语（英文翻译）”。运用本项目中设计的正则表达式系统进行匹配，使用的正则表达式为“#* （@*）”，匹配时间为16ms-32ms，正确抽取177个中英文对照的词条；使用java自带的正则表达式进行处理，使用的正则表达式为“（［\u4e00-\u9fa5］）+{2，2}（［（］［a-zA-z］+［）］）”，时间为47ms~68ms，正确抽取177个中英文对照的词条。样本2文章题目为Metal typography，stone lithography and the dissemination of Ming-Qing popular fictions in Shanghai between 1874 and 1911，使用项目中设计的正则表达式系统进行匹配，使用的正则表达式为“#* （@*）”，匹配时间为15ms~16ms，正确抽取65个中英文对照的词条；使用java自带的正则表达式进行处理，使用的正则表达式为“（［\u4e00-\u9fa5］）+{2，2}（［（］［a-zA-z］+［）］）”，时间为16ms~31ms，正确抽取65个中英文对照的词条，从时间上看，本书中设计的系统可以将抽取效率提高一倍左右，正确率可以达到100%。

通过对“中国学术前沿期刊网”中的“文学研究前沿”部分的数据库进行检索，本书共成功抽取概念对13 237对，可见，利用正则表达式对该数据库中的特定文本类型进行抽取的效率是很高的。附录D中是利用该系统自动抽取的未经人工干预的汉英对照中国文化负载词的概念对的样本。

同时，项目中的正则表达式系统，用户在使用时不用书写复杂的正则表达式，只要将一个目标文本的例子输入系统，系统就可以自动生成目标正则表达式。比如上面的应用，用户只要输入“红楼梦（A Dream of Red Mansions）”，系统就可以生成“#* （@*）”，并用生成的正则表达式在目标典籍中匹配目标文本。

本书提出了结合应用需求，通过简化正则表达式的规则来提高正则表达式在特定应用需求中文本匹配效率的思想，并通过程序证明了这种提高的可能性。通过精简元字符的个数，提高正则表达式对特定数据库中的文本处理的速度，在对大数据量处理时，本书的方法就会有良好的效果。同时通过正则表达式生成器，尝试解决正则表达式应用过程中可读性差、用户使用难度大的问题。

本书采用正则表达式进行概念对的抽取，是针对试验中“文学研究前沿”数据库中特定的文本类型，目的是高效地抽取概念对来扩充双语本体，工作过程中考虑的是抽取效率，而不是通用性。在技术上，未来研究方向是多词串抽取方法 C-value 以及多类别 C-value（Mold-Class C-value）方法。

第七章　双语领域本体在《道德经》英译描述性批评中的应用

第一节　《道德经》的英译和翻译批评

《道德经》的第一个英文译本是1884年在伦敦出版的巴尔福所翻译的《道书》(Taoist Texts：Ethical，Political，Speculative)。英国是老子思想传播较早的国家，美国则是第二次世界大战后汉学研究的重镇，其《道德经》的译本无论在数量上还是在质量上，目前均占有绝对的优势。在英美两国，早期译本有保罗·卡鲁斯（Paul Carus）与铃木大拙合译的《道与德的经典：中英对照老子〈道德经〉》(The Canon of Reason and Virtue：Laotze's Tao Teh King，1898)。

对《道德经》在英语世界的传播与接受而言，20世纪无疑是空前辉煌的世纪。赵毅衡曾统计，“自1886年到1924年，光《道德经》的英译本就有16种之多，而从20年代到60年代，有40多种英译本”（赵毅衡，2003)。1943年到1963年的20年间几乎每隔一年都有一种新译本出现，其中这些译本的半数是在美国出版的。河南社会科学院的丁巍副研究员认为，目前已有英文文本《道德经》182种。也有说，《道德经》存世英文文本有差不多200个版本（辛红娟和高圣兵，2008）。在过去一个多世纪的时间里，《道德经》成为被译介得最多的中国典籍，其发行量和翻译版次大大超过了同为中国典籍的《论语》，在英语世界的发行量仅次于《圣经》和莎士比亚的诗集。

根据描述性翻译批评理论，翻译研究方法是将翻译结果看作既定事实，追寻影响翻译过程的社会历史因素以及翻译作品在归宿语文化中所起的作用和享有的地位，并对此进行历时性综合描述。通过对《道德经》英译历程的分期研究和对各个时期翻译文本所凸显的翻译特点的描述，就可以展示《道德经》在英语国家中传播的大致形象和脉络。

《道德经》在英语世界的翻译和传播出现过三次高潮：第一次翻译高潮出现在1886—1905年，在这短短的20多年里，有14个英译本面世，可以说是《道德经》英译的第一个黄金时期；第二次翻译高潮是在1943—1963年，每隔一年都有一种新译本出版，结合《道德经》英译的具体情况，时间的起点可以推至1934年亚瑟·韦利出版的《道和德〈道德经〉及其在中国思想中的地位研究》；第三次翻译高潮是在1972—2004年，1973年长沙马王堆汉墓出土帛书《道德经》后，海外随之掀起老子研究热、东方文化研究热（工剑凡，2001）。500年前的“马王堆”版本的《道德经》英译本也随即应运而生，相继出现了十几种英译本。其中最重要的有：

（1）刘殿爵（D. C. Lau）翻译的《老子：〈道德经〉》（Lao Tzu: Tao De Ching），译者对此书的第一部分做出少量的修改。第二部分是两种马王堆帛书和合本的译本。

（2）韩禄伯（Robert G. Henricks）翻译的《老子〈道德经〉：新出马王堆本注译与评论》（Lao-tzu Te-tao Ching: A New Translation Based on the Recently Discovered Mawang - tui Texts, Translated, with Introduction and Commentary）。

（3）梅维恒翻译的《〈道德经〉：德与道之经典》（Tao Te Ching:

The Classic Book of Integrity and the Way)。

《道德经》是博大精深的东方文化主流中永恒不灭的经典，老子以无与伦比的生命智慧、恢弘殊胜的境界，向后世揭示着宇宙、人类、社会和生命的奥义真谛，形成了中华文明和东方文化源远流长和兴盛不衰的主干脉络。《道德经》自从19世纪下半叶由西方汉学家翻译成英文，流入西方后引起广泛关注，并涌现出具有代表性并被公认为具有较高学术水平的《道德经》译著。这些译者随即成为典籍英译翻译批评研究的对象。

汪榕培和王宏（2009）以“传神达意”的思想为指导，对《道德经》的理雅各译本和林语堂译本从各个方面进行了评价。①概念的术语化。老子的思想博大精深、逻辑严密，不仅要在文字上仔细推敲，还必须从哲学的高度进行把握。作为中国哲学思想的始祖，老子首创了一系列重要的概念，如“道”“德”“有”等。作为哲学著作的翻译，概念的准确和术语化是非常必要的。②追求与原文相似的风格。古典散文的英译应研究作者使用语言的风格，通过再现语言风格而再现原文的韵味。《道德经》是哲学和文学相结合的产物，篇幅短小精悍，行文朴素自然，句式奇偶相生，语言简洁凝练，风格疏散，不拘声律，表达力强。英文译本应该保留《道德经》语言简练、含义深远的特点，传达原文所承载的道家思想。③寻求共同点。《道德经》充分体现了中国古代朴素的辩证法哲学神韵，文章大部分使用近乎诗体的语言，而又有些晦涩难懂，造成理解上的模糊与含混，对有些字句的解释甚至到今天还是莫衷一是。但是这并不意味着译者在翻译《道德经》的时候可以自由发挥，实际上应该潜心研究两种语言本身所体现的思维差异，克服语言内部思维的矛盾性和多样性，对《道德经》大部分的内容还是可以找到共识的。

冯晓黎（2009）对“帛书本《道德经》韩禄伯英译本”进行了研究，她采用发现问题、分析问题和解决问题的研究方法，通过举例，对韩禄伯译本中的翻译现象、策略和技巧进行了解读和评价，描述了译本的真实面貌。冯晓黎重点探讨了译本中的修辞格现象，认为在不同的问题上有不同的处理。对难译的对偶修辞格，译者采用了意译。排比在汉、英两种语言里都有对应的修辞格，属于可译范围的汉英修辞格。为了保留原文修辞的特色，译者对这类修辞格采用了直译。对不能译的回文修辞格，译者则采取了弥补法。

秦婧（2008）以读者反应论为理论依据，从中西方读者不同的反应看Chad Hansen的《道德经》翻译。翻译是信息的语际转换过程，也是思维共享与思维交换的过程。翻译活动之所以能够进行，是因为人类具有思维共性，但是同时思维也具有个性，正是这种思维的个性导致了各民族语言形式和结构的不同，从而成为民族交往的障碍。作者认为，中国人喜欢以事物的外部特点为依据而展开联想，思维的顺序不是由具体到抽象，而是由抽象到具体。汉语善于将“虚”的概念以“实”的形式体现出来，重视动静结合、虚实结合，这种表达给人以“实、明、显”的感觉。西方人则非常注重逻辑思维，热衷于建立概念体系、逻辑体系。英语民族多用抽象的概念表达具体事物，比较重视抽象能力的运用，表现为常使用指称笼统的抽象名词来表达复杂的理性概念。

梁洁茹（2009）以《道德经》英译的多样性为研究对象，试图探索造成《道德经》众多英译本之间巨大差异的因素。研究运用阐释学、接受美学、目的论等理论，分析了《道德经》的不同英译者在译者主体性的作用下，通过各自不同的理解、表达，使得《道德经》英译本呈现出丰富多样性的主要原因。首先，客观原因主要在于《道德经》自身独一无二的文本特征，宏观上体现为成书年代久远、世传版本众多造成的底本未定性，微观上则体现为其文本在语言学、文学、哲学等方面别具一格的修辞特点给翻译造成的障碍。其次，主观原因主要在于具有“原文本读者”和“译文本作者”双重身份的译者，在进行翻译的过程中所体现出的译者主体性。

肖志兵（2008）从跨文化视角解读亚瑟·韦利于1934年出版的《道德经》英译本。该研究尝试从文化解读的角度，运用阐释学方法，结合现代翻译理论，探讨韦利英译《道德经》过程中的文化思想的传递。研究指出，译者将《道德经》放到了整个中国思想体系中去考察，提出《道德经》这一哲学文本的翻译重在其思想内涵的传递，因而采用的翻译策略是“史学性质的”，是一种“文字翻译”。然而在译介这一哲学文本的时候，中西思想不可避免地遭遇强烈的碰撞。韦利虽然想竭力摆脱传统的束缚，试着开创《道德经》翻译的新局面，但是他对中国思想的索隐还是过于理想化。

熊瑛（2005）运用描述翻译学的研究成果，对《道德经》的多个译本进行对比分析。研究采取从功能与历时角度分析译文的方法，客观地描写译本之间的异同点，分析译者在整个翻译过程中的中心地位。研究认为描写翻译学对《道德经》英译研究具有重大意义。其“翻译的不完整性”观点和“功能优先”原则为众多译本的出现提供了解释和理据，其“任何翻译都经过了译者不同程度的操纵”的观点突出了译者在翻译过程中的中心地位和主体性。尤其在《道德经》英译中，译者与作者、评注者、读者之间多向交流，“周旋”于众多因素之中，其翻译中的具体选择会基于不同的考虑和原因，从而产生不同的译文。对这些因素和差异的客观描写，将会为翻译研究添加一笔宝贵财富。

正如《道德经》译本的多样性一样，对其的翻译批评也是多种多样的，研究层次丰富、研究方法和角度层出不穷，可谓“道可道，非常道”，只能枚举未能穷尽。

第二节　典籍英译翻译批评的双语领域本体在《道德经》英译批评中的应用

本书选取老子的《道德经》英译本作为实验对象来展示本书所构建的基于文化负载词的典籍英译批评双语领域本体在典籍英译的描述性批评中的实际应用。

在中国文化典籍中，老子的《道德经》的翻译，可谓历史悠久、版本繁多。尤其是英文本，更是多得无法胜数。王宏印（2006）将其原因归结如下：

（1）就老子及其作品本身而言，老子和他的《道德经》是中国最富于哲学意味的著作，而且居于文化源头部分，除《易经》而外无一能比。而《易经》除了显得芜杂和深奥外，也不像是一个人的作品，虽然对老子的认同及《道德经》的著作权也不是没有质疑。相比之下，《论语》虽然重要，而且普及，但并非孔子所作（孔子是述而不作），且其哲理的深奥程度与知识的系统性，也不及《道德经》。

（2）老子的《道德经》凡五千言，采用格言体，又经过后人改编，分立章节，层次清晰，排列如短诗，理论明晰，推论富于逻辑性，虽然也常常使用隐喻和象征手法，但在语言上和表达上，绝不马虎含混。再加上篇幅较短，语言简练，虽有奥义，但其微言大义，则是许多译者爱不释手的原因。此外，《老子》注释本较多，虽然难以统一，但毕竟给译者一种有所参照的安全感。这也是使不少中外译者一再翻译《道德经》的有利条件。

（3）从西方文化的接受一方而言，一个篇幅不长、文体明晰的权威文本的获取，并不困难，而《道德经》所具有的核心位置和源头作用，始终没有受到质疑。尽管郭店楚简《老子》的发现有一些疑问，而且《德》在《道》之前，但并不影响读者对这部作品的整体理解和完整的接受与传达。

本书研究的85个译本均为来自网络资源的电子本，在研究过程中参阅了比较权威的纸质版本，主要是汪榕培教授与Puffenberger合译的《英译老子》（简称为汪本），韦利英译、陈鼓应今译、傅惠生教授校注的汉英对照、文白对照的《老子》（简称为韦本）。经过人工校验，删除了85个版本中的7个译本，有效试验样本78个，再将有效试验样本与汪本、韦本相比照，人工发现“道”的不同英文翻译，人工进行本体构造。

在具体构建过程中，本书首先考证各个英译本的底本，再选择某一特定文化负载词出现个数最多的底本进行文化负载词的序号标注，并在“中国文化负载词”类下创建相应的实例，本书发现，“道”出现最多的《老子》（《道德经》）的版本中共有76个“道”（如图7-1所示）。

如图7-2所示，文化负载词“道”共有76个实例，每个实例都对应四个概念属性：hasPartOfSpeech，isTranslatedBy，isPartOf，isTranslatedIntoEnglishAs，同时，为了使其他本体研究者理解本领域本体，添加注释值（annotation value），Protégé中有rdfs：label，owl：versionInfo，rdfs：comment，rdfs：isDdefinedBy，rdfs：seeAlso，本书首先确定的注释值rdfs：comment为某一特定文化负载词所在的双语对齐的参照句。

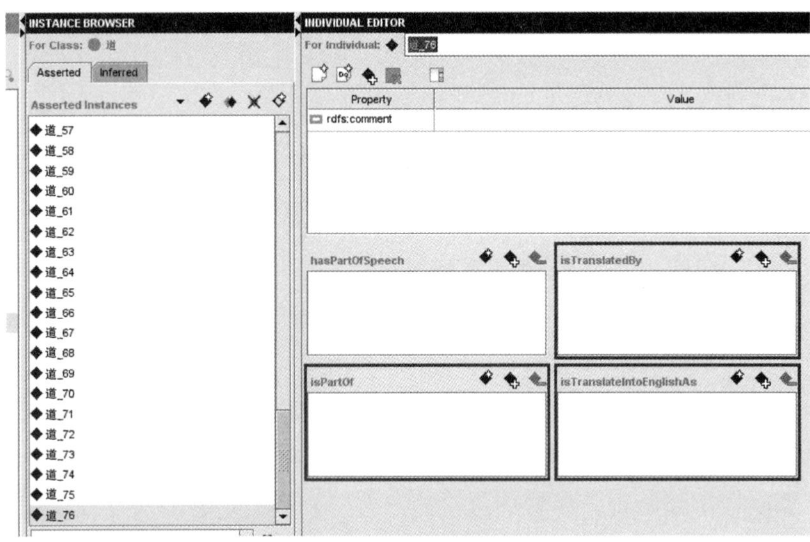

图 7-1 “道”的实例

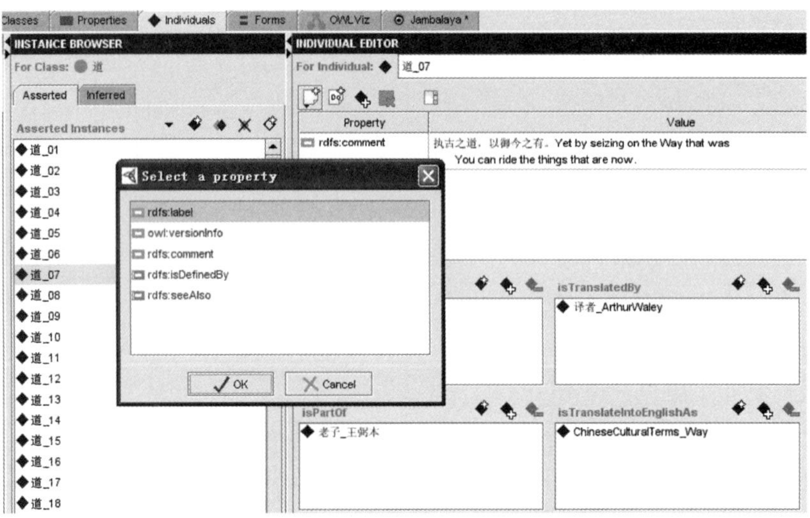

图 7-2 “道 07”实例的属性和注释值

与之类似，继续创建其他类的实体，如图 7-3 和图 7-4 所示。

依此类推，可以对以翻译批评为目的的双语领域本体不断地扩充，不断地丰富类、实例和属性，并根据实际应用和领域专家的建议进行一定的修正。本书下一节将以《道德经》的多译本评价为例，进行基于双语领域本体的描述性批评的具体应用。

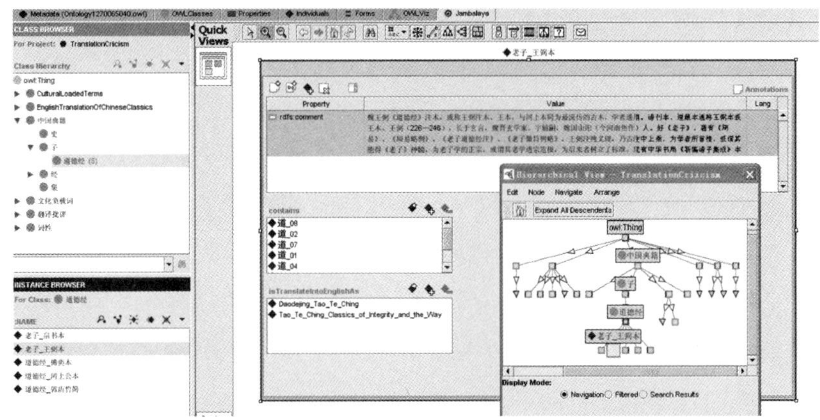

图 7-3　中国典籍《道德经》的实例的 Jambalaya 导航视图

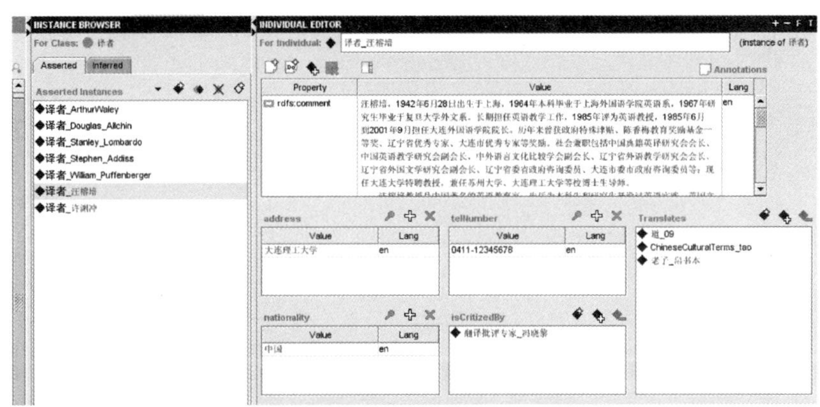

图 7-4　译者"汪榕培"的实例

本书以描述翻译学为基本理论依据，尝试性探索了描述性翻译批评的理论框架，以期通过本体技术在语义方面的优势为翻译批评提供一定的科学性的参照。从描述翻译学到描述性翻译批评，在理论上的构建还属于探索阶段，还需要不断完善。描述翻译学的研究是以语料库为实证性定量研究的基础，而且强调语料库的规模必须足够大，以涵盖"翻译普遍性"，专家们已经意识到语料库翻译学的局限性。本书通过构建基于文化负载词的双语领域本体来从语义层面丰富语料库翻译学中对语料的处理方法。本书通过在本地构建多个本体再由人工映射进行本体合成，在双语本体构建中采用汉英对照双语"对齐"的概念对和属性映射相结合的方法，知识的粒度从粗到细，从典籍英译的分类、翻译批评的要素及视野到基于文化负载词的具体译本批评信息。

然而，翻译批评界以简单“勘误”为手段和目的进行的研究也比比皆是，甚至有个别批评者对鸿篇巨制的典籍的英译本中的小到单词拼写和词形错误的“瑕不掩瑜”的美名进行含沙射影的“批评”，对相似度较高的“复译”本冠以“抄袭”和“学术不端”，而忽略了译者翻译目的、意识形态等诸多批评的参照。

本书以韦利《老子》（《道德经》）的译本的批评为例，展示领域本体在描述性批评中的具体应用：

黄鹏丽（2001）总结了韦利译本的误译类型。在分析文化上的误译时选取的例子是“刍狗”，认为韦利译为straw dogs是误译。黄鹏丽（2001）的结论是：翻译是把一种语言文字所表达的思想内容和艺术风格正确无误地、恰如其分地转移到另一种语言文字中去的创造性活动。如果不能做到“正确无误”这一点，那倒不如不译，否则译出来的东西只会引人误入“歧途”。因此，翻译是一件极其麻烦的事，没有扎实的中英文功底是做不好这件事的。就连大师也不可避免地在翻译中出现这样那样的错误，一般人就更不用说了。她认为古文的英译工作还是由中国人来做比较好。古文中许多思想精粹、风俗礼制经过历史的沉淀在今天生活的方方面面仍或多或少地有所体现。作为一个中国人长久地浸润其中，感情往往要比一个异国人要来得真。而像韦利这样一个从未到过中国的“中国通”，他对这方面的知识也许只有一个模糊的认识（从其译文中就可看出），因此他所译出的东西，有些地方是相当可笑的。如果是由一个古文功底深厚的人来翻译，至少在这些地方不会出这样的笑话。

本书认为这种对误译的定义有待商榷，以“刍狗”的“误译”来说，该批评者忽略了诸多译本的信息，在本书的双语领域本体中，可以清楚地显示这些被忽略的信息，如图7-5和图7-6所示，在双语本体中，“刍狗”的定义为：名词，是英文straw dog的中文，由Arthur Waley翻译，是Lao Zi的一部分。

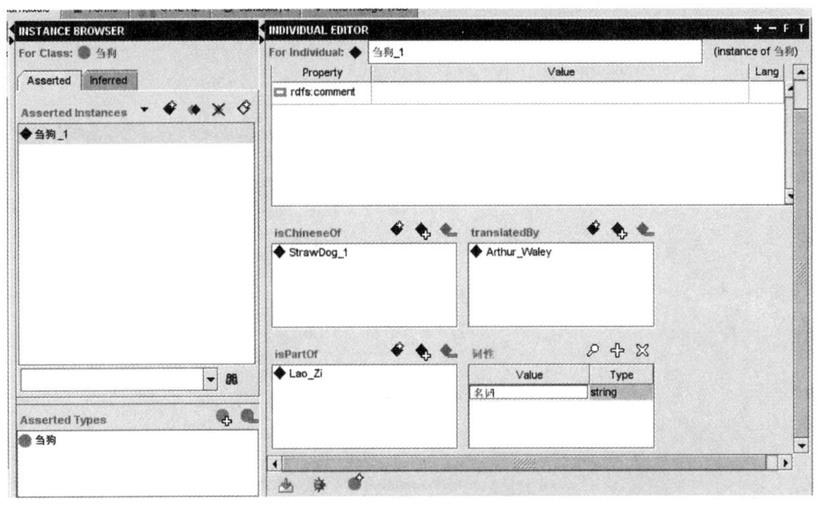

图 7-5 "刍狗"的实例

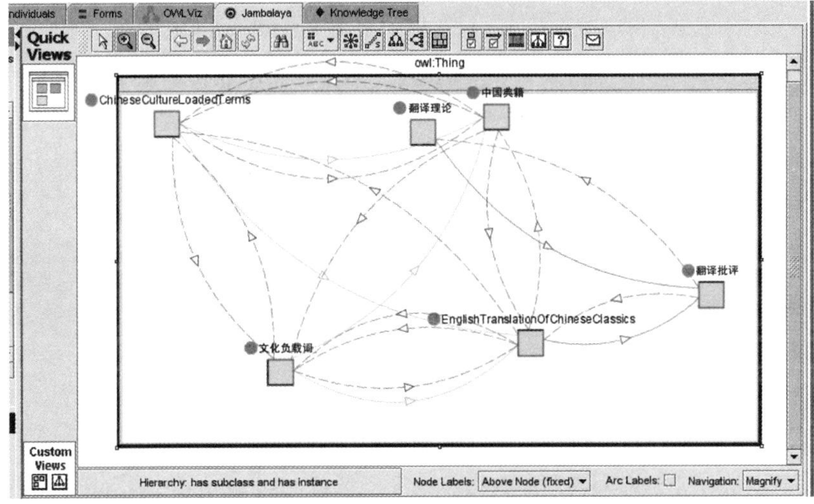

图 7-6 Jambalaya 中领域本体视图

本书所构建的知识本体，是以文化负载词为中心的，所有概念间都是有关联的：

通过对译者 Arthur Waley 进行查看，可以看出：Arthur Waley，男，1888—1966 年，英国人，信仰基督教，以"文字翻译"理论，采用直译法，以王弼注本为底本翻译了 Lao Zi，其翻译目的为哲学思想的表达（如图 7-7 所示）。

图7-7 译者“Arthur Waley”的实例

这样，《老子》（《道德经》）中的文化负载词“刍狗”翻译成straw dog，就不再“可笑”了，因为译者明确表明是以文字翻译、以传达老子的深邃的哲学思想为目的。

在1994年湖南出版社出版的汉英对照、文白对照的韦利的《老子》前言中有这样一段话“依我看来，如果将译作的文字优美放在重要的位置，同时又要重视原文在译文中的质量，译者就得准备牺牲大量精确的细节。这种翻译，我把它叫作‘文学翻译’。相对应的是‘文字翻译’。我要表明的是，这本《道德经》译文不是‘文学翻译’。理由很简单，原文的重要性并不存于其文学质量，而是它所要表达的哲理。我的一个目的就是要在细节上精确地表达原文的意思”。

本书通过随机调取双语本体中《老子》（《道德经》）中出现两次的“刍狗”及其对应的英文翻译，经过整理得到表7-1。

表中统计的16位译者大都采用了直译的方式，将“刍狗”翻译成了straw dogs。Tim Chilcott采用了意译的方式，甚至还改变了原文中“刍狗”的词性，分别译成dispassionately和equally，但这也不能定为“误译”，通过对照其文本发现译者对此进行了注释：chu gou:

dispassionately, equally the literal meaning of chu gou is straw dogs: a reference to the ritual whereby a straw dog is treated with the greatest care and deference before being offered up in sacrifice, only to be discarded and trampled upon once it has served its purpose. The image conveys the sublime impartiality of heaven and earth, as well as of those who are enlightened, towards all living things（韦利，1994）.

表7-1　　“刍狗”的不同翻译

译者及出版时间	翻译	译者及出版时间	翻译
Stephen Addiss, Stanley Lombardo, 1993	straw dogs straw dogs	Douglas Allchin, 2002	straw dogs straw dogs
Frederic Balfour, 1884	grass [which is worthless] and dogs [which are killed]	Sanderson Beck, 1996	sacrificial objects
Raymond B. Blakney, 1955	straw dogs used in magic rites straw dogs made to throw away	Witter Bynner, 1944	a sacrifice of straw dogs
Tormond Byrn, 1997	ritual straw dogs straw dogs to throw	Wing-Tsit Chan, 1963	straw dogs
Tim Chilcott, 2005	dispassionately equally	Thomas Cleary, 1991	straw dogs
林语堂	sacrificial straw-dogs	汪榕培 Puffenberger	worthless straw - dog sacrifices
Nina Correa, 2005	straw dogs	George Cronk, 1999	straw [fake] dogs straw dogs
Gia-Fu Feng, Jane English, 1972	straw dogs	Aalar Fex, 2006	straw dogs

可见，译者对“刍狗”的原文意思把握很准确，只是翻译方法、翻译目的和采用的翻译策略不同而已，不能孤立地从译文表面来推断译者的“无知”和“可笑”，而且通过“刍狗”一例可以看出黄鹏丽在翻译

批评中对“误译”的定义与分类存在偏颇，本书引用其“刍狗”的例子和说明旨在引导读者了解该文献作者得出结论的过程，在此就不对其一一回应。

基于领域本体的描述性翻译批评并不是简单的量化，而是通过本体内概念间的相互定义和关联为批评者提供科学的依据，可以在语料库的统计基础上，为批评者提供推理的依据，语料库的统计相当于医生的体温计，而构建完整的领域本体可以相当于专科医生的诊断仪。批评者可以借助领域本体提供的信息，以文化负载词的翻译为参照对译本进行诸如底本等信息的判断，因为在本书所构建的双语领域本体中，每个文化负载词都对应原文的句子，并在 annotationValue 中提供整句的一种译文。以《老子》中的“道”为例，在领域本体内，共有76个不同的实例，当批评者查看第九个实例时，其所在的句子为“古之善为道者”，据此可以判断其底本非王弼本，因为王弼的注本中此句中的“道”为“士”，而韦利采用的恰恰是王弼的底本，因此在其译文中自然不会出现“道”的直接对应的英文翻译，从而避免批评者的臆断。

通过对基于文化负载词的典籍英译双语领域本体的构建，可以进行描述性的翻译批评。描述翻译学离不开语料库，双语领域本体的构建相当于“自建语料库”，自建语料库进行翻译批评在原则上是可行的，而且是很有意义的。利用语料库进行研究，有助于客观地把握原著的风格，有助于科学地分析译者的风格，也有助于对原文、译文的全面对比分析。利用语料库进行研究，对一些难以捉摸的、不引人注目的语言习惯进行描述、分析、比较和阐释，能为翻译批评提供可靠的量化依据，能比较令人信服地说明问题。这样，翻译批评中基于文本分析的研究可以在一定程度上避免概念的演绎，或生搬各种艰深理论穿凿附会（肖维青，2005）。“自建本体”可以成为翻译批评研究的新工具。

第八章　计算机辅助典籍英译实践研究

第一节　机器翻译在典籍英译中的运用

翻译已经成为现代社会中的一项重要的语言服务活动（徐彬和郭红梅，2012），而机器翻译是当代科学技术的十大难题之一（冯志伟，2004）。现代的机器翻译研究已有半个多世纪的历史，期间产生过令人振奋的成果，也有过令人沮丧的时候，但无论多么艰深，人类对于机器翻译的探索和渴求始终没有停止过（王海峰，2011）。

在国际上，机器翻译已经取得巨大的成就，设在俄亥俄州代顿的美国联邦翻译部和欧洲联盟委员会设在卢森堡的翻译中心每天都在用自动的机器翻译进行着大规模的翻译；成千上万的商业机器翻译系统在日本投入使用；每天世界各地的网民在使用浏览器上提供的“翻译此页面”功能（Wilks，2008）。机器翻译应用领域从天气预报翻译到专利文献的机器翻译，涉及语种从俄、英到谷歌翻译提供的多种语言，使用人数超过1 000万的语言约有100种，而谷歌翻译已经实现了对其中58种语言的支持（许磊，2011）。

中文信息处理作为自然语言处理中的一个分支，近几年来备受关注（刘群，2011）。机器翻译研究是中文自然语言处理研究中的热点和焦点之一，研究角度和方法不断丰富。国内机器翻译研究从汉语与主要外语相互机译扩展到汉语与国内民族语言的多/双语语料库的建设和机译。目前已经开发并投入使用的翻译系统和软件通常侧重于中英、中日、中俄等不同语种之间的互译。

专门针对古代汉语与现代汉语之间机器互译的研究还比较少，在分析现有机器翻译研究方法的基础上，国内学者王爽等（2009）提出了一种基于实例的古今汉语机器翻译系统并进行了设计与实现。目前国内外专门的面向古代汉语与外语互译的机器翻译的研究仍处于探索阶段。

本书以王弼本的《道德经》为训练集，探索面向古汉语英译的机器翻译的研究。古汉语仍以现代人书面和口头引用方式出现在自然语言处理的实践中，成为影响汉英机器翻译译文质量的一个侧面；同时，在对外文化交流和中国传统文化外传过程中，大量的古汉语典籍和相关研究文献需要外译，开展面向古汉语的机器外译研究可在一定程度上解决专门翻译人才不足的问题。

（一）运行环境及相关开源工具

运行环境为Centos 6.3版的Linux平台，在Linux平台上利用开源工具NiuTrans构建《道德经》统计机器翻译系统，该系统需要gcc、g++和GNU Make软件的支持。采用Stanford汉语分词工具得到汉语分词，使用GIZA++进行词语对齐训练，采用NiuTrans工具包进行短语语法规则抽取、语言模型训练、重排序模型和生成模型的训练及解码。

（二）系统的整体框架

该系统包括数据预处理、词对齐、短语规则抽取、短语规则打分、语言模型训练器、权重调优和短语解码器几个模块，所有这些模块分为训练和解码两个阶段（银花等，2011）。《道德经》英译机器翻译系统的整体框架如图8-1所示。

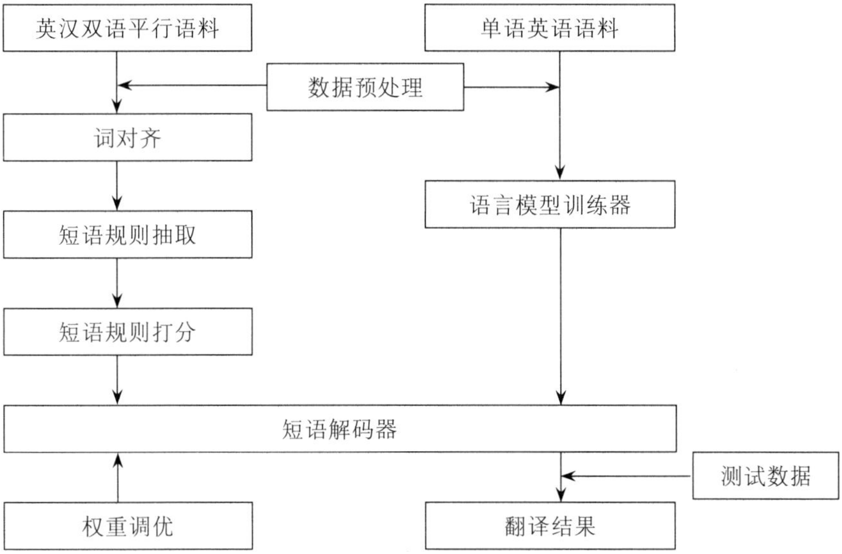

英汉双语平行语料
单语英语语料
数据预处理
词对齐
语言模型训练器
短语规则抽取
短语规则打分
短语解码器
测试数据
权重调优
翻译结果

图 8-1 《道德经》英译机器翻译系统的整体框架

在训练阶段，系统可以从训练数据中学习得到模型和模型参数，每个模块功能如下：

数据预处理模块：该模块主要是完成对训练数据的加工处理，包括分词、词性标注等。

词对齐模块：该模块可以为双语平行数据中的每一句对得到词对齐之后的结果，使得源语言词汇和目的语言词汇对应起来。

短语规则抽取模块：该模块用于从包含词对齐信息的双语平行语料中抽取出短语翻译规则。

短语规则打分模块：该模块用于对所抽取得到的规则进行概率估计和打分。

语言模型训练器模块：该模块用于从目的语言的单语语料中学习从而得到语言模型。

权重调优模块：该模块用于在数据集上对翻译模型特征权重向量进行调优。

解码阶段所包含的模块功能如下：

短语解码器模块：该模块主要功能是找出所有存在于搜索空间中的最佳目的语言译文，即完成测试数据的翻译得到目的语言译文。

（三）系统翻译过程

利用系统翻译得到目的语的过程主要包括：数据准备、训练翻译模型、训练N元语言模型、配置文件、权重调优、解码和评价几个阶段。《道德经》英译机器翻译系统流程图如图8-2所示。

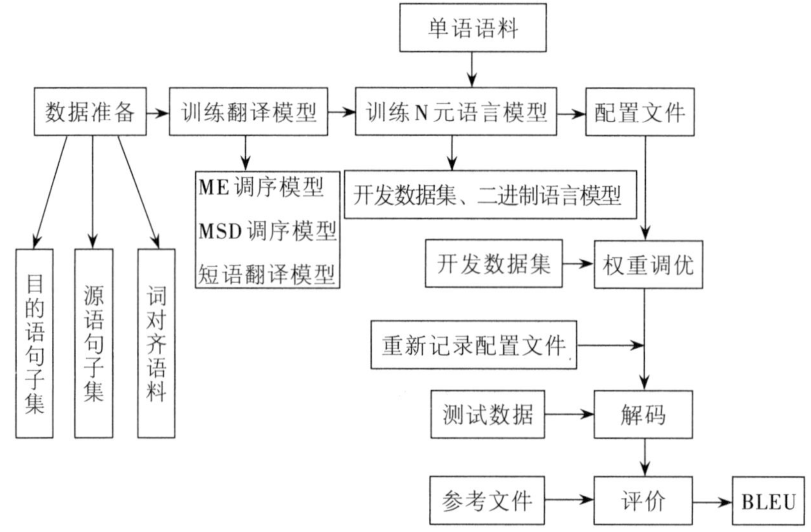

图8-2 《道德经》英译机器翻译系统流程图

（四）实验环节

在翻译过程中，主要工作是为系统提供训练和测试所需数据，包括目的语（英语）句子集、源语（汉语）句子集以及双语对齐的文件，此外还有测试数据和参考译文，然后调用系统的工具包进行训练翻译模型、权重调优、解码和评价等过程。

（五）训练和测试数据

源语句子集：在对平行语料进行对齐之前，首先需要进行中文分词，系统中使用Stanford NLP自然语言处理小组开发的中文分词开源工具对文档进行处理，分词后的文件保持原文件名，同时产生原文件的备份文件。

目的语句子集：对于平行语料中的目的语句子集进行英文分词。

词对齐文件：为了获得该文件，主要是利用GIZA++进行汉语到英语、英语到汉语两个方向的训练，再对两个方向的对齐结果进行优化，

GIZA++体现了IBM统计翻译模型。

测试数据：在该系统中，所使用的测试数据为《道德经》古汉语的分词结果。

参考译文：在该系统中，所使用的参考文件为林语堂的《道德经》英文译本。

训练《道德经》的翻译模型和N元语言模型。

训练翻译模型：将分词后的双语语料进行短语抽取和调序，得到短语翻译模型以及ME和MSD调序模型。

N元语言模型：本次实验采用了三元文法语言建模。

权重调优。

利用开发集和之前得到的配置文件进行权重调优，并将结果重新记录入配置文件。至此，基于短语的《道德经》机器翻译系统构建完毕。

评测。

解码：利用配置文件对测试数据进行解码操作，即完成对《道德经》测试数据的翻译。

评价：得到双语评测的指标BLEU值，比较翻译结果的准确性。

（六）实验结果及分析

（1）实验数据

翻译模型的训练实验分两次进行。鉴于先秦时期的古汉语基本上是以单字词为基本词汇单位，实验1是将测试语料按字切分来进行《道德经》的翻译。实验2是将测试语料按分词切分（基于短语）来进行《道德经》的翻译。训练数据采用《道德经》的道经部分的古文和林语堂翻译的《道德经》英文构建的英汉平行语料。考虑到《道德经》有道经和德经之分，本次实验主要采用道经的双语平行语料。考虑到古文的特点，翻译系统的输入输出文本采用UTF-8标准编码方式。为了评测《道德经》统计机器翻译系统，采用IBM公司开发的BLEU评测方法对系统进行评价。评价结果的BLEU值越高，翻译效果越好。

（2）实验结果

实验1，以分字结果为测试语料进行的《道德经》的翻译（如图8-3所示）。

```
NIST score = 2.4466  BLEU score = 0.1522 for system "NiuTrans"

# ------------------------------------------------------------------------

Individual N-gram scoring
        1-gram   2-gram   3-gram   4-gram   5-gram   6-gram   7-gram   8-gram   9-gram
        ------   ------   ------   ------   ------   ------   ------   ------   ------
 NIST:  1.9805   0.4107   0.0456   0.0087   0.0011   0.0004   0.0000   0.0000   0.0000  "NiuTrans"

 BLEU:  0.2832   0.1858   0.1237   0.0824   0.0499   0.0263   0.0103   0.0004   0.0002  "NiuTrans"

# ------------------------------------------------------------------------
Cumulative N-gram scoring
        1-gram   2-gram   3-gram   4-gram   5-gram   6-gram   7-gram   8-gram   9-gram
        ------   ------   ------   ------   ------   ------   ------   ------   ------
 NIST:  1.9805   2.3911   2.4367   2.4455   2.4466   2.4469   2.4469   2.4469   2.4469  "NiuTrans"

 BLEU:  0.2832   0.2294   0.1867   0.1522   0.1217   0.0943   0.0687   0.0359   0.0201  "NiuTrans"
MT evaluation scorer ended on 2012 Dec 12 at 12:30:21
[root@localhost scripts]#
```

图8-3 将测试语料分字进行《道德经》翻译测得BLEU值

实验2，以短语分词结果为测试语料进行的《道德经》的翻译（如图8-4所示）。

```
NIST score = 8.2864  BLEU score = 0.6367 for system "NiuTrans"

# ------------------------------------------------------------------------

Individual N-gram scoring
        1-gram   2-gram   3-gram   4-gram   5-gram   6-gram   7-gram   8-gram
9-gram
        ------   ------   ------   ------   ------   ------   ------   ------
------
 NIST:  6.1042   1.8029   0.2729   0.0808   0.0256   0.0104   0.0060   0.0025
0.0013  "NiuTrans"

 BLEU:  0.8048   0.6896   0.5920   0.5000   0.4152   0.3445   0.2793   0.2254
0.1871  "NiuTrans"

# ------------------------------------------------------------------------
Cumulative N-gram scoring
        1-gram   2-gram   3-gram   4-gram   5-gram   6-gram   7-gram   8-gram
9-gram
        ------   ------   ------   ------   ------   ------   ------   ------
------
 NIST:  6.1042   7.9071   8.1800   8.2608   8.2864   8.2967   8.3028   8.3053
8.3066  "NiuTrans"

 BLEU:  0.8048   0.7450   0.6901   0.6367   0.5845   0.5352   0.4877   0.4429
0.4024  "NiuTrans"
MT evaluation scorer ended on 2012 Dec 14 at 23:03:31
[root@localhost scripts]#
```

图8-4 将测试语料以短语分词进行《道德经》翻译测得BLEU值

（3）实验结果分析

从BLEU值来看，以短语分词结果为测试语料的《道德经》的翻译结果明显比以分字结果为测试语料的《道德经》的翻译结果要好。由此可见，在相同规模的平行语料的前提下，分词结果对基于短语的机器翻译系统有一定的影响。而在构建机器翻译模型中，双语语料的构建、权重调优的开发集数据和作为参考标准的参考译文也都与切词密切相关，因此，更准确的古文切词将会大幅提高《道德经》机器翻译结果的准确率。

同时，实验以王弼本《道德经》中前37章共244句（即道经部分）的古文为源文本，采用Stanford汉语分词工具和人工校验相结合的方式得到汉语分词后，与20个经过加工和校验的人工英译本进行句对齐，得到4 880对平行句对，使用GIZA++进行词语对齐训练，在开源的NiuTrans工具gcc、g++和GNU Make软件的支持下进行短语语法规则抽取、语言模型训练、重排序模型和生成模型的训练及解码并进行了自动测评。在测评中，所使用的测试数据是与训练语料相同的王弼本《道德经》中前244句的古汉语的分词结果，并以训练集中使用的20个《道德经》英译本为参考文件进行测试。

机器翻译的译文与各个英译本间的对照测试的BLEU值见表8-1（实验1）。

表8-1显示，即便与训练集中的各个人工相对照进行译文质量测评；最高值仅为0.2377，研究者将原因归结为因古汉语的特殊句读关系造成汉语语料分词的正确率和召回率实验难以进行，以及译者多采用英文诗歌的文体进行《道德经》的翻译、原文语义晦涩等原因。但进一步分析发现并非如此简单。例如：句式相同的“道可道，非常道”与“名可名，非常名”两个子句的机器翻译结果居然是一句正确一句错误。研究发现，在“道可道，非常道”的翻译中，多数译者将“道”基本当作专有名词（实体词）来处理，因而句式和用词重合率较高；而既有译者将“名”看作普通名词，也有译者将其看作专有名词，冠词的使用和单复数的选用乃至句式的使用方面都有所不同。单纯用统计的N元组的方法根本无法生成正确的译文。

表 8-1 **机器翻译的译文与各个英译本间的对照测试的BLEU值**

版本编号	译者	出版时间	BLEU值
V02	吴经熊	1961	0.0839
V11	任继愈	1985	0.0893
V09	Tam Gibbs	1981	0.0906
V17	Herman Ould	1946	0.1062
V19	Karl Kromal	2002	0.1071
V10	Tienzen Gong	N/A	0.1085
V13	John R. Mabry	N/A	0.1132
V12	Derek Lin	2006	0.1213
V07	Gia-Fu Feng Jane English	1972	0.1262
V16	Charles Muller	1997	0.131
V08	Aalar Fex	2006	0.133
V20	R.L. Wing	1986	0.141
V04	陈荣捷	1963	0.1414
V06	George Cronk	1999	0.1448
V18	Agnieszka Solska	2005	0.1468
V05	Tim Chilcott	2005	0.1487
V14	John H. McDonald	2006	0.1662
V03	Sanderson Beck	1996	0.1707
V01	林语堂	1955	0.1736
V15	Stephen Mitchell	1988	0.2377

另外，研究者以训练集中的人工译本间互为译文即.out文件和参考译文.reference文件进行BLEU对比测试（实验2），重点关注表8-1中所列BLEU值最高和最低的译本（V15和V02）间的比较（如图8-5所示），以及BLEU值最近似的两个译本（V08和V16，BLEU值仅相差

0.002）间的比较（如图8-6所示）。对比发现，BLEU值相差大的译本间的相似性低，而BLEU值相差小的译本间的相似性高，但即便是BLEU值仅差0.002的两个译本间的相似度也仅有0.1143。

```
NIST score = 2.2059  BLEU score = 0.0640 for system "NiuTrans"

# ------------------------------------------------------------------------

Individual N-gram scoring
        1-gram   2-gram   3-gram   4-gram   5-gram   6-gram   7-gram   8-gram
 9-gram
        ------   ------   ------   ------   ------   ------   ------   ------
 ------
 NIST:  1.9151   0.2528   0.0319   0.0061   0.0000   0.0000   0.0000   0.0000
 0.0000  "NiuTrans"

 BLEU:  0.3012   0.0896   0.0397   0.0157   0.0066   0.0026   0.0004   0.0002
 0.0001  "NiuTrans"

# ------------------------------------------------------------------------
Cumulative N-gram scoring
        1-gram   2-gram   3-gram   4-gram   5-gram   6-gram   7-gram   8-gram
 9-gram
        ------   ------   ------   ------   ------   ------   ------   ------
 ------
 NIST:  1.9151   2.1678   2.1997   2.2059   2.2059   2.2059   2.2059   2.2059
 2.2059  "NiuTrans"

 BLEU:  0.3012   0.1643   0.1023   0.0640   0.0407   0.0257   0.0140   0.0082
 0.0051  "NiuTrans"
MT evaluation scorer ended on 2013 Jan 30 at 11:07:50
[root@localhost scripts]#
```

图8-5 V15和V02间的比较

```
NIST score = 3.0375  BLEU score = 0.1143 for system "NiuTrans"

# ------------------------------------------------------------------------

Individual N-gram scoring
        1-gram   2-gram   3-gram   4-gram   5-gram   6-gram   7-gram   8-gram
 9-gram
        ------   ------   ------   ------   ------   ------   ------   ------
 ------
 NIST:  2.5923   0.3898   0.0409   0.0126   0.0019   0.0000   0.0000   0.0000
 0.0000  "NiuTrans"

 BLEU:  0.3923   0.1543   0.0747   0.0378   0.0191   0.0087   0.0029   0.0008
 0.0005  "NiuTrans"

# ------------------------------------------------------------------------
Cumulative N-gram scoring
        1-gram   2-gram   3-gram   4-gram   5-gram   6-gram   7-gram   8-gram
 9-gram
        ------   ------   ------   ------   ------   ------   ------   ------
 ------
 NIST:  2.5923   2.9821   3.0230   3.0356   3.0375   3.0375   3.0375   3.0375
 3.0375  "NiuTrans"

 BLEU:  0.3923   0.2460   0.1653   0.1143   0.0800   0.0553   0.0363   0.0226
 0.0146  "NiuTrans"
MT evaluation scorer ended on 2013 Jan 30 at 11:19:22
[root@localhost scripts]#
```

图8-6 V08和V16间比较

项目研究实验1中BLEU值仅差0.002的两个译本，在实验2中的相对BLEU值仅为0.1143。这意味着对于特定文本的对应多个潜在候选译文本间在互为译文和参考译文测试中BLEU值并不一定要很高。

第二节　基于本体的双语平行语料库的扩充

无论是基于实例还是基于统计的机器翻译系统，都对语料库的规模有着很高的要求。目前语料库的构建（不包括分词的语料处理）基本上都是人工构建的，这无疑对语料库的构建规模有一定的限制。本书研究的是在引入本体技术的情况下，通过面向互联网的语料本体的构建实现自动化构建大规模双语平行语料库的可行性。基于本体的语料库构建主要有语料本体抽取和语料本体对抽取语料的推理归类处理两个关键部分。鉴于语料本体抽取尚处于算法分析阶段，本书主要通过本体对抽取语料的自动化归类处理来验证语料库构建的可行性。

目前表现出较好翻译效果的机器翻译系统有两种：基于实例的机器翻译系统和基于统计的机器翻译系统。由于这两种翻译方式都是以大型语料库的建立为前提的，因此语料库的构建研究成为一些机器翻译研究人员研究的重点。

与机器翻译研究相关的语料库主要有双语平行语料库、多语语料库和可比语料库三种，其中双语平行语料库是目前国际上翻译效果最好的基于统计的机器翻译系统建立的语料库。由此，如何构建大规模、高质量的双语平行语料库也就成为机器翻译研究的一个热点。然而，当前大部分的研究都是关于如何提高双语平行语料库的质量，如对于提高汉语词语切分准确率的研究，或是通过为双语平行语料库设计翻译数据库来提高效率和准确率，还有通过锁定语料库的范围来建立专业语料库以提高正确率等。虽然这些研究对于提高机器翻译的准确率有所帮助，但对于统计机器翻译来说，没有大规模的语料库支持，其准确率必将受到限制。

随着互联网的发展，人们越来越关注对存在于互联网上的海量资源的处理，如语义网的提出和本体技术的研究，这就为我们从互联网中获取大量的语料提供了前提。基于此，本书将探讨在摆脱人工构建束缚的情况下，通过本体技术的引入，构建一个语料本体，以此实现面向互联网的大规模的双语平行语料库的自动化构建。

当前互联网上的大部分资源都是设计给人阅读的，机器无法实现对海量网页资源的自动化处理。因此，作为互联网扩展的语义网被W3C提出，以解决机器对语义“理解”的问题。在语义网的体系结构中，其实现基于三大核心技术：可扩展标记语言XML、资源描述框架RDF和本体。

在语义网的范畴内，本体是关于领域知识的概念化、形式化的明确规范。本体通过概念描述领域知识和揭示丰富的语义关系，并以此在数据层面支持可保证计算完整性和可判定性的逻辑推理。

语料本体是一个领域本体，其通过语义揭示可以向机器提供构建双语平行语料库这一领域内的相关概念定义以及这些概念之间的关系，如源语言语料、目的语言语料和它们之间的互译关系。相对于人工构建的双语平行语料库，语料本体有着以下优势：

（1）规模大。由于语料本体是面向互联网的，因此，通过语料本体获得的双语平行语料库必然在数量上有很大的优势。

（2）构建速度快。相对于传统的人工构建双语平行语料库，语料本体的构建方法主要依靠的是后期本体的抽取扩充实现大语料库的构建，即只需要在前期构建一个核心本体，其后的语料本体扩充完全由机器自动完成，这将大大缩减大规模语料库构建的时间。

（3）更加智能化的应用。语料本体提供的双语平行语料库不仅仅是简单的句对对齐的文本，还包含着机器可以“理解”并进行处理的语义关系。针对不同的语料库构建要求，只需要更改一下对语料本体解析的API即可以满足。

国内外对于构建领域本体的方法研究有很多，如用于商业和公共企业建模的企业建模法、涉及商业企业间术语和定义的骨架法、被称为本体描述捕获方法的IDEF5法、斯坦福大学的知识工程法以及中国人民大学的原型进化法。这些方法大同小异，基本上都是先确定应用领域，再进行概念化设计，然后是评估细化等。

本书综合知识工程法和原型进化法的特点，利用W3C推荐的本体语言规范标准OWL（Ontology Web Language）来实现语料本体的构建。将双语平行语料的本体构建分为三个阶段：初始语料本体的构建、语料本体的抽取扩充和语料本体的解析应用。如图8-7所示。

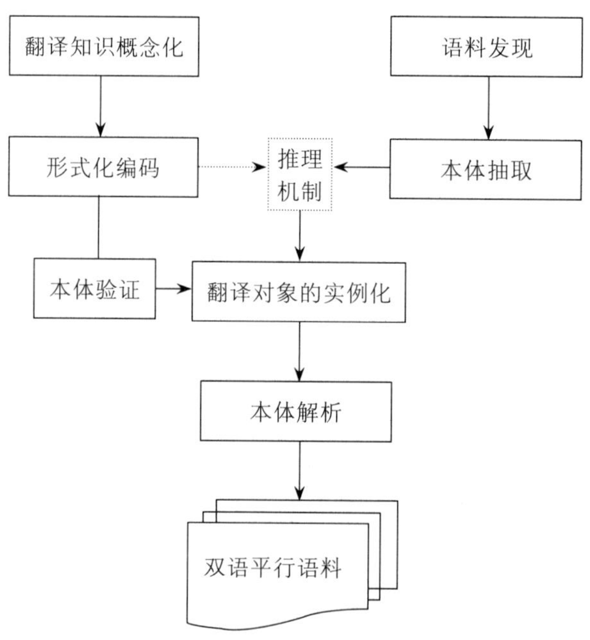

图8-7 语料本体的构建流程

初始语料本体是构建双语平行语料本体的基础。其构建过程实际上就是人工借助辅助软件来为双语平行语料构建一个核心本体。这个核心本体不但可以用清晰的语义向机器表达源语言与目的语言之间句对的平行对应关系，而且可以支持逻辑推理功能，从而使语料库的自动扩充成为可能。

初始语料本体的构建过程分为四个阶段进行，即翻译知识概念化、进行形式化编码、本体验证和翻译对象的实例化。

（1）翻译知识概念化

翻译知识概念化主要是对翻译过程所涉及的相关知识进行概念化，形成一系列精准无歧义的知识文本，然后借助这些文本构建本体的概念模型。本体的概念模型不仅包括了翻译领域内的相关概念，而且还描述了这些概念之间的关系，如译文关系、译者关系等。

（2）形式化编码

形式化编码是指利用本体语言（如RDF/OWL）显式表达概念模型中文本的定义，完成本体的形式化编码。该过程需要通过运用本体的开发工具（如斯坦福大学的Protégé）辅助人工完成。

在OWL中，本体的语义描述通常包括类、属性和个体。用类和类的层级来描述领域内的概念及其分类关系，用个体表示概念的实例，用属性代表的关系来连接各个个体。这样，本体形成的网状关系结构就可以向机器提供一个清晰的翻译领域内相关知识的语义表达（如图8-8所示）。

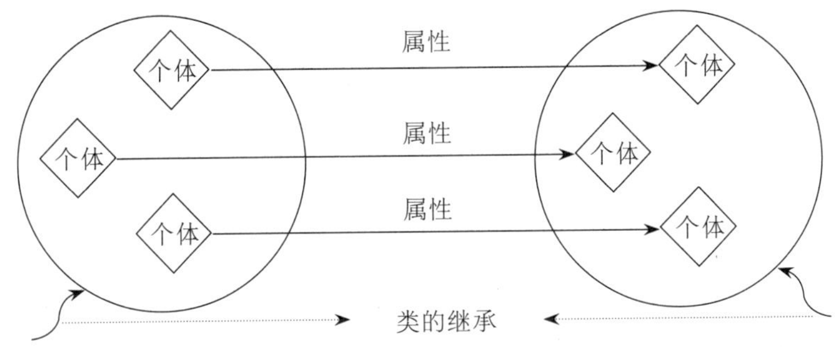

图8-8　OWL中的类、属性和个体

本体中将类视为个体的集合，下面是W3C组织推荐的OWL2.0中对类的表达的定义：

ClassExpression：=

Class |

ObjectIntersectionOf | ObjectOneOf |

ObjectSomeValuesFrom | ObjectHasValue | ObjectHasSelf |

DataSomeValuesFrom | DataHasValue

其中第一行代表的是命名类，其实际上仅仅是个ID号，并没有任何语义上的揭示。第二行则是对很多命名类的再次集合运算而杂糅出来的新的类。后面两行则是限制性的类，其没有任何的命名和标志，因此在很多领域又称为匿名类。匿名类一般用动宾形式表达，会在每一个命名类的父类中声明。

匿名类对推理机制有着重要的作用，匿名类的定义方法为：首先提取一个类的性质，将每个性质写成动宾结构；接着针对每个动宾结构分别提取相对应的动词和宾语，将其转化为对象的属性和属性的客体；最后在该类的类描述中将每一组动宾结构表示成匿名类的形式，作为该类的父类。至此，该类就具有了相应的性质，并且，这些性质是具有语义信息的，能够被推理机所识别、理解和推理。

在本体中，属性实际代表了一种关系。OWL定义了三种属性：Object Properties，Datatype Properties和Annotation Properties。其中，Object Properties代表了个体与个体之间的关系；Datatype Properties代表了个体和数据类型的关系；Annotation Properties则是代表元数据的。在OWL的实际应用中，前两者比较常见。

双语平行语料本体的构建，主要涉及一对属性定义：hasTranslateInto和isTranslatedInto。在OWL中，属性有一个特性称为Inverse（互逆性）。通过互逆性的定义，我们只需要定义源语言A和目的语言B的语义为A翻译成（hasTranslateInto）B，而本体则会自动将A和B用isTranslatedInto属性相连，即本体向机器表达的是两句语义内容：A翻译成B；B被翻译成A。这样，借助本体提供的语义，机器就可以实现从源语句到目的语句搜索译文的双向语料扩充。

（3）验证与实例化

构建好的初始本体需要对其进行验证。本体的验证主要包括三方面内容：语法检验、本体语言检验和一致性检验。

本体的语法检验就是检验构建本体所使用的本体语言（如OWL）是否存在语法错误；本体的语言检验则是检查构建本体时采用的本体子语言是否与构建前选择的子语言一样；而本体的一致性检验则主要是检查本体的内容是否存在逻辑错误或不一致性。

本体的实例化即向类中添加个体。个体在本体中是指具体的实例，如对某一句源语言有多种译文，则这些译文都是该源语言对应的目的语言类的个体。

本体的逻辑推理功能主要是通过定义类公理、属性公理和属性限制形成的推理机制实现的。在借助本体实现双语平行语料的自动化构建中，主要用到的是类公理。因此，本书将对类公理和类公理的推理机制进行说明。在OWL中，定义了类的三大公理：SubClassOf、EquivalentClasses和DisjointClasses。表8-2为OWL 2.0对类公理的语义描述。

表8-2　　类公理的语义描述

	IF	THEN	
cax-sco	T（?c1，rdfs：subClassOf，?c2） T（?x，rdf：type，?c1）	T（?x，rdf：type，?c2）	
cax-eqc1	T（?c1，owl：equivalentClasses，?c2） T（?x，rdf：type，?c1）	T（?x，rdf：type，?c2）	
cax-eqc2	T（?c1，owl：equivalentClasses，?c2） T（?x，rdf：type，?c2）	T（?x，rdf：type，?c1）	
cax-dw	T（?c1，owl：disjointWith，?c2） T（?x，rdf：type，?c1） T（?x，rdf：type，?c2）	false	
cax-adc	T（?x，rdf：type，owl：AllDisjointClasses） T（?x，owl：members，?y） LIST [?y，?c1，...，?cn] T（?z，rdf：type，?ci） T（?z，rdf：type，?cj）	false	for each 1≤i<j≤n

公理SubClassOf是用来描述类与类之间的层次关系和上下所属关系的，如表8-2中定义了SubClassOf（c1 c2），就代表c1是c2的子类。除了这种显示的定义公认的继承关系外，SubClassOf还可以用于作为辅助类和继承匿名类：辅助类主要用于辅助本体建模时的分类，使得类的层次更加清晰；继承匿名类则是通过对匿名类的继承来帮助推理机发现隐藏的语义关系。在进行双语语料的本体构建时，主要运用SubClassOf显示定义初始本体的章节、段落和句子等父子继承关系；而通过继承匿名类来使机器发现隐含的父子继承关系，从而实现互译句对的逻辑推理归类。

公理 EquivalentClasses 表示类之间的等价关系。实际上，EquivalentClasses 所表达的等价关系相当于 SubClassOf 的扩展：EquivalentClasses（c1 c2）等价于SubClassOf（c1 c2）和SubClassOf（c2 c1)。实际上，公理SubClassOf仅仅能够作为一种必要条件来正向推导：如通过SubClassOf定义类c1是一个具有性质A匿名类的子类，则可以正向推导出任何一个类c1的子类或个体都具有性质A；但却无法反向推导出含有性质A的类是属于类c1的子类。而公理EquivalentClasses却可以作为一种充分条件来帮助推理机实现这种反向推理。

公理DisjointClasses表示处于同一层次的类之间没有交集。如果定义了DisjointClasses（c1 c2），则表示没有一个类或个体会同时属于类c1和c2。在进行双语平行语料的构建时，主要通过DisjointClasses来区分位于不同层次的句对。

图8-9为推理机借助类的三大公理进行推理的过程：假设类A与类B拥有共同的性质，即限制类（匿名类）；如果此时存在一个类C，其性质（匿名类）中包括A和B共有的性质，则经过推理机的推理，就会得出类A和类B是类C的子类的这种隐含的继承关系。其中，抽象类所表示的语义信息为：只要某一个类具有限制类的性质，则它就可以被视为该抽象类的子类。因此，该推理过程可以视为两步：第一步推理得出A、B是抽象类的子类，第二步根据抽象类是类C的子类推出A、B为C的子类。在此过程中可以看出，公理EquivalentClasses起着至关重要的桥梁作用。

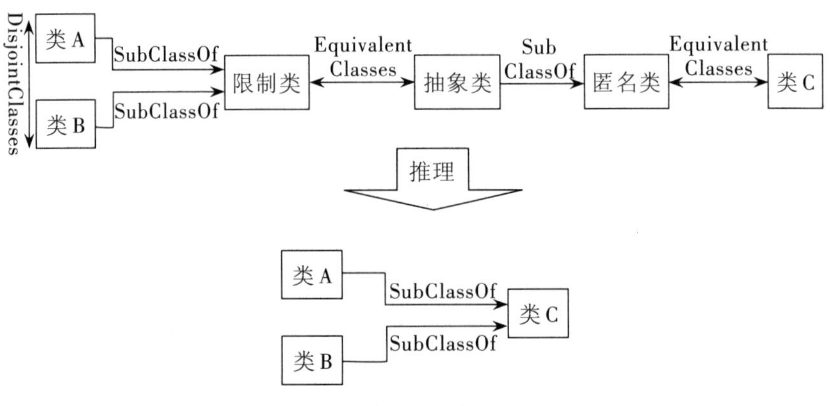

图8-9 类公理的推理过程

经过形式化编码之后的初始本体已经包含了双语平行语料本体的基本框架，而要实现语料库的大规模构建，还需要进行本体的抽取扩充。

对语料本体的抽取扩充，本书采用武汉大学董慧等提出的三阶段本体抽取方法，并在本体评估中改用了更适合机器翻译语料库的BLEU值评估方法。语料本体的抽取过程如图8-10所示。

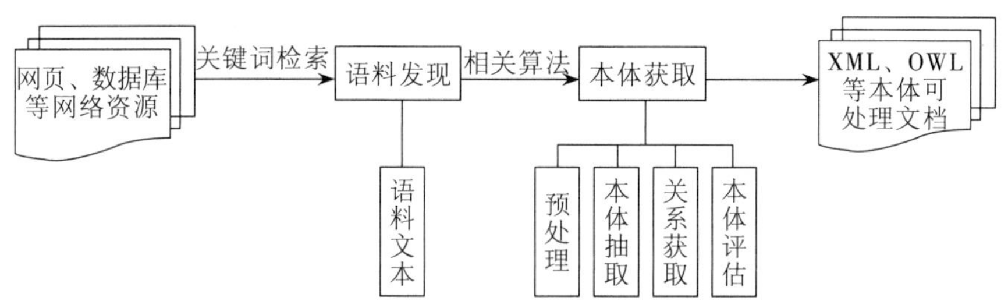

图8-10　语料本体的抽取过程

语料发现主要以关键词检索的形式对通过网络爬虫获取的互联网资源进行源语言和目的语言语料的知识发现，从而形成一系列包含双语语料的语料本体。

本体获取是一个复杂的过程，本书仅对整个获取工程进行概述，而不详述其间涉及的各种算法。获取过程如图8-11所示。

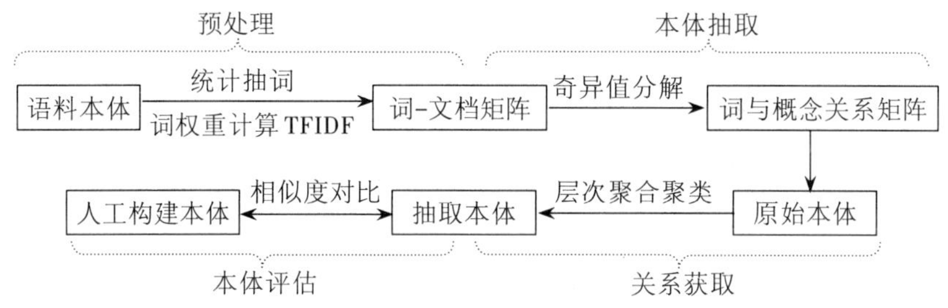

图8-11　语料本体的获取

①语料本体的预处理。对语料本体的预处理主要是通过统计抽词法和TFIDF词权重计算方法获得一个词-文档矩阵。该矩阵反映了词和文档之间的关系。

②本体抽取。对预处理得到的词-文档矩阵进行奇异值分解和潜语义索引，从而得到词与概念的关系矩阵。将矩阵中的每一个概念可以看作一个原始本体。

③关系获取。在得到的原始本体之间利用层次聚合聚类方法自动构建上下位关系，通过下位本体的重复合并来获得一个最大的上位本体。

④本体评估。对抽取到的本体，还需要进行相似度的评估工作，采

用的方法是通过抽取本体与标准本体（人工构建）的对比获得一个相似度参数，然后根据这个相似度参数判断抽取的本体是否存在问题。针对语料本体的特点，本书采用IBM开发的BLEU值作为相似度参数来进行评估。

当前对于本体的抽取还处于算法的分析阶段，目前尚未有具体的抽取系统出现。相信随着本体技术的进一步发展，本体抽取系统必将得以具体实现。

本体解析则是涉及本体文件的相关操作。构建好的语料本体并不能直接使用，需要借助一定的API与其他应用程序相对接来实现平行语料句对的输出。

对语料本体的扩充和解析都需要相关的API来进行，现在使用最多的是惠普公司推出的Jena。Jena主要提供了接口功能，包括RDF API、RDQL查询语言、推理子系统、永久性存储和内存存储以及本体子系统。Jena还包含一个基于规则的推理引擎，可以对基于RDFS和OWS构建出来的本体模型进行推理，这样我们就可以利用Jena完成领域本体的扩充；而对于本体解析，Jena则是通过相应的函数完成。

面向互联网的大语料库的自动构建是否可行，关键在于构建的语料本体是否可以对抽取到的语料进行自动的推理归类，实现源语言与目的语语料句对的平行对应。

本次实验运行环境为Win7系统64位旗舰版的Windows平台。在该平台上利用斯坦福大学基于Java语言开发的开源本体开发软件Protégé（实验版本为3.4.8）构建一个简单的语料扩充本体。该本体的构建需要安装相应的JDK，及推理机插件RacerPro（实验版本为2.0）。

本次实验主要利用本体开发软件来验证利用语料本体构建双语平行语料库的可行性，即验证在语料发现和本体获取的基础上是否可以完成双语平行句对的自动归类。

本次实验以《道德经》前100句共2 000个句对（每句汉语对应20个译本）的语料本体的构建为例，主要验证构建好的初始语料本体能否对抽取到的目的语语料进行自动的配对归类，从而实现双语平行语料的输出。其具体过程如下：

（1）构建语料初始本体

利用Protégé进行本体的形式化编码：第一步将《道德经》与其译文按句对的父子关系构建成类，其中将父类道德经与其译文Tao_Te_King用公理DisjointClasses区分。然后为源语言句类添加实例，即具体的《道德经》汉语句子。在这里，我们定义目的语句类sentence（n）中对应源语言句类第n句类（n=1，2，3…）。然后定义一个属性isTranslatedInto来表达源语言句类被翻译成目的语句类的互译关系。最后我们通过类的限制将上述关系表示成一种推理机制，并通过EquivalentClasses公理形成推理的充要条件。构建结果如图8-12所示。

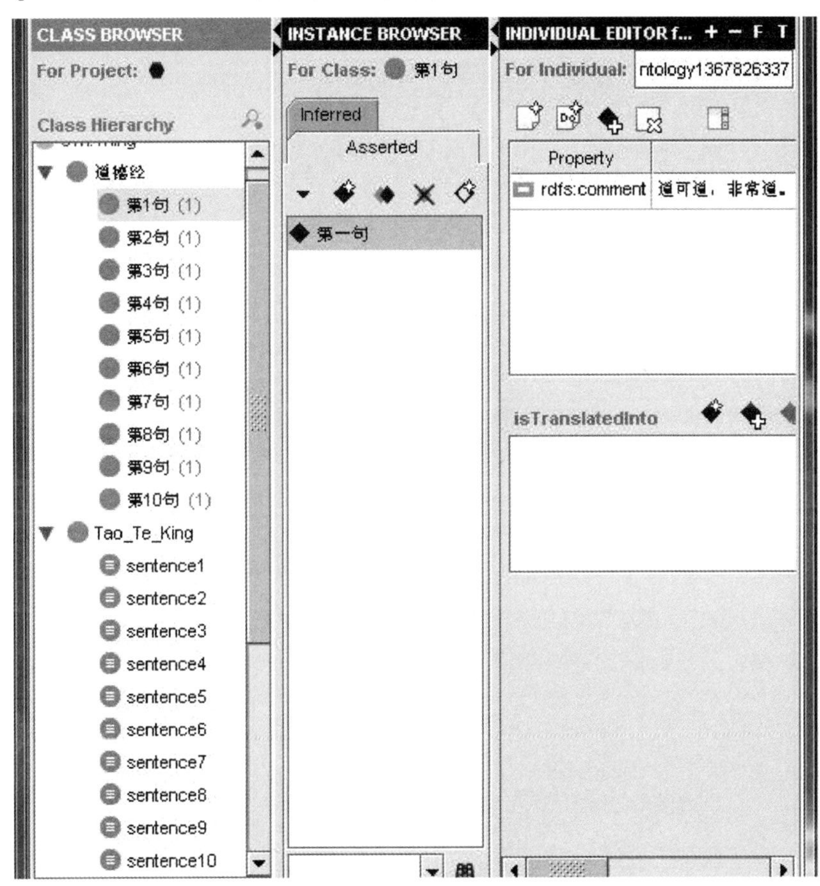

图8-12 初始语料构建

（2）语料本体的扩充

通过互联网上的知识发现抽取到《道德经》（源语言句类）的译文（目的语言句类）Esentence（n）（假设抽取到了20个译文，即每个Esentence包含20个实例）。然后运用推理机插件RacerPro进行推理。最后得到推理结果，即新加入的译句被归类到相应的sentence（n）中。推理过程如图8-13所示。

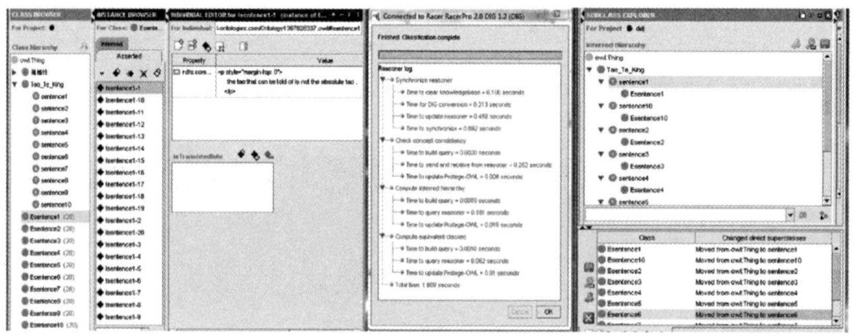

图8-13 推理过程图

本书将扩充后的语料本体以Mysql数据库的形式来存储，表8-3为截取的语料本体的Mysql数据库（为了方便显示，本书对输出的表进行了处理）。

表8-3 语料本体双语平行语料的Mysql表输出

frame	slot	shortvalue
第1句	：DIRECT-INSTANCES	第一句
第一句	comment	道可道，非常道。
sentence1	isTranslatedInto	第1句
sentence1	：DIRECT-SUBCLASSES	Esentence1
Esentence1	：DIRECT-INSTANCES	Isentence1-1
Esentence1	：DIRECT-INSTANCES	Isentence1-2
Esentence1	：DIRECT-INSTANCES	Isentence1-3
Isentence1-1	comment	the tao that can be told of is not the absolute tao.
Isentence1-2	comment	tao can be talked about, but not the eternal tao.
Isentence1-3	comment	the way that can be described is not the absolute way.

表8-3中，frame列表示语料资源的名称，如源语言句类“第1句”，个体实例“Isentence1-1”；slot值代表属性关系，如实例关系“：DIRECT-INSTANCES”，子类关系“：DIRECT-SUBCLASSES”，翻译关系“isTranslatedInto”；而shortvalue则代表了这些属性关系所连接的值，如“第1句”的翻译结果（isTranslatedInto）是“sentence1”。通过这些属性关系，我们就可以通过相关的SQL语句进行双语语料的输出了，如通过截取的内容，我们就可以获取“道可道，非常道”和其3个译文的平行语料。

通过实验结果来看，语料本体可以实现对获取的语料信息的自动化归类处理，而且推理归类的时间也非常短（对《道德经》前100句的2 000个句对双语语料的归类处理仅用1.7秒）。也就是说，一旦本体抽取的系统得以具体实现，大规模的双语平行语料库的短时间内自动化构建也将成为可能。

本书探讨了在引入本体的情况下实现面向互联网的大语料库自动构建的可行性。由实验可以看出，本体的逻辑推理功能可以帮助机器翻译实现语料库的自动构建。但是，对于本体的自动抽取研究，目前还处于算法的分析阶段。因此，现阶段还仅仅能从一些特定的网络资源（如XML描述的网页）中实现双语平行语料的自动抽取；而对于存在于整个互联网上的语料资源的本体抽取的具体实现，还有待进一步研究。

结语

本书以描述翻译学理论为依据，构建了描述性翻译批评的理论框架，并将该理论框架运用到典籍英译批评的实践中，区分了典籍英译的翻译标准和翻译批评标准，分析了翻译标准在不同文体的典籍英译批评中的作用，尝试性地探索了将文化负载词的翻译作为典籍英译批评的描述性标准的可操作性。

描述翻译学强调借助语料库进行翻译研究，语料库有助于翻译研究从规定性走向描述性；将本体引入描述性翻译批评则是从语义层面上对以翻译批评为目的的语料库研究的新的探索。基于领域本体的描述性翻译批评并不是简单的量化，而是通过本体内概念间的相互定义和关联为批评者提供科学的依据，可以在语料库的统计的基础上，为批评者提供推理的依据，基于本体的翻译研究或翻译批评标准研究可以在基于语料库的统计方法上进一步引入基于语义的研究方法，充分利用领域本体在概念语义分类与关联方面的优势。基于本体可以为描述翻译批评研究提供一个新的研究方法：

（1）从描述翻译学出发提出描述性翻译批评，进而明确翻译标准与翻译批评标准之间的关系；文化负载词的引入是为了给典籍英译批评提供一个描述性批评的具体参照，典籍英译批评双语领域本体的建立可以从语义角度客观地进行描述性的翻译批评。

（2）本书以翻译批评为目的探索性地构建了典籍英译批评双语领域本体，选取了典籍英译、翻译批评、典籍英译批评中的核心概念进行语义分类和本体模型构建，并形成概念间的映射关系，双语领域本体是对本体技术的有益探索。

（3）在本体概念实例的俘获和本体扩充的过程中利用正则表达式在文本匹配中的优势，发现和抽取汉英对照双语文化术语；运用正则表达式的字符串匹配功能对特定数据库中的汉英对照中国文化术语进行抽取，在抽取过程中，建立符合特定需要的正则表达式匹配器，在保证相同正确率的前提下，抽取速度提高了一倍左右，从而提高了数据处理速度。

未来研究应进一步探索典籍英译实践中的可操作、可量化的描述性翻译批评的参照指标，并在实践中对描述性翻译批评的理论框架进行检验和完善；同时，需要进一步深入研究典籍英译批评领域本体中领域内概念和定义，通过领域专家对该领域本体进行评估，以发现本领域本体中存在的问题并及时修正，未来的研究重点在于如何更加高效地以自动或半自动的方式进行本体的扩充。

参考文献

[1] 卞建华. 文学翻译批评中运用文学接受理论的合理性与局限性 [J]. 外语与外语教学，2005 (1): 45-48.

[2] 陈书新. 论译诗三难 [EB/OL]. (2009-11-17). http: //www.hjenglish.com/doc/trans/108_1947.htm.

[3] 陈小宾. 领域本体及其在移动问答中的应用研究 [D]. 大连: 大连理工大学，2009.

[4] 邓志鸿，唐世渭. Ontology研究综述 [J]. 北京大学学报: 自然科学版，2002 (5): 730-738.

[5] 丁晶，陈晓岚，吴萍. 基于正则表达式的深度包检测算法 [J]. 计算机应用，2007，27 (9): 2185-2186.

[6] 范祥涛. 描写译学中的描写对象和描写方式 [J]. 外国语，2004 (4): 60－67.

[7] 方梦之. 译学辞典 [Z]. 上海: 上海外语教育出版社，2004.

[8] 冯晓黎. 帛书本《道德经》韩禄伯英译本刍议 [J]. 四川外语学院学报，2009 (2): 85-88.

[9] 冯志伟. 机器翻译研究 [M]. 北京: 中国对外出版公司，2004.

[10] 胡德香，熊秋香. 文化翻译批评初探 [J]. 语言与翻译，2004 (4): 52-56.

[11] 胡庚申. 生态翻译学：译学研究的“跨科际整合”[J]. 上海翻译，2009（2）：3-8.
[12] 黄国文. 翻译研究的功能语言学途径 [J]. 中国翻译，2004（5）：17-20.
[13] 黄国文. 英语语言问题研究 [M]. 广州：中山大学出版社，1999.
[14] 黄鹏丽.《老子》英译误译例说 [J]. 柳州职业技术学院学报，2001（4）：65-69.
[15] 黄琼英. 翻译过程的研究 [J]. 曲靖师范学院学报，2003（5）：71-75.
[16] 黄琼英. 近十年来的翻译批评 [J]. 山东师范大学外国语学院学报，2002（4）：69-72.
[17] 黄新艳. 基于英汉双语语料库的英汉双语ontology的建立与管理 [D]. 青岛：中国海洋大学，2006.
[18] 贾黎莉. Ontology构建中概念间关系的研究 [D]. 北京：中国农业科学院，2007.
[19] 姜治文，文军. 翻译标准论 [M]. 成都：四川人民出版社，2000.
[20] 蒋坚松. 古籍翻译中理解的若干问题 [J]. 外语与外语教学，2001（11）：40-43.
[21] 孔超. 中西翻译批评演进脉络的对比分析及启示 [J]. 中国科技信息，2007（24）：275-276.
[22] 李德超. TAPs翻译研究的前景与局限 [J]. 外语教学与研究，2004（5）：386－390.
[23] 李红满. 当代西方翻译研究范式的转变 [J]. 外语与翻译，2002（2）：31-35.
[24] 李宏伟. 基于Ontology的地理信息服务研究 [D]. 郑州：解放军信息工程大学，2007.
[25] 李建梅. 典籍英译批评与译者主体研究 [J]. 山东外语教学，2007（5）：78-83.
[26] 李景. 本体理论及在农业文献检索系统中的应用研究 [D]. 北京：中国科学院，2004.
[27] 李静滢. 翻译批评：宏观与微观的统一 [J]. 外语学刊，2001（2）：90－93.
[28] 李淑杰.《墨子》中文化负载词英译研究 [J]. 南京财经大学学报，2009（3）：101-103.
[29] 李文革. 中国文化局限词及其翻译问题 [D]. 西安：陕西师范大学，2000.
[30] 李亚舒，黎难秋. 中国科学翻译史 [M]. 长沙：湖南教育出版社，2000.

[31] 李耀宗. 汉译欧洲中古文学的回顾与展望 [J]. 国外文学，2003 (1): 23-27.

[32] 李照国. 中医对外翻译三百年析 [J]. 上海科技翻译，1997 (4): 39-40.

[33] 李正栓. 忠实对等: 汉诗英译的一条重要原则 [J]. 外语与外语教学，2004 (8): 36-40.

[34] 梁洁茹. 试析《道德经》英译多样性的原因 [D]. 上海: 上海外国语大学，2009.

[35] 廖七一. 当代西方翻译理论探索 [M]. 南京: 译林出版社，2000.

[36] 廖七一. 当代英国翻译理论 [M]. 武汉: 湖北教育出版社，2004.

[37] 林煌天. 中国翻译词典 [M]. 武汉: 湖北教育出版社，1997.

[38] 林克难. 翻译的规范研究和描写研究 [J]. 中国外语，2008 (1): 89-92.

[39] 刘季春. 扬起创造的风帆——许渊冲学术思想研究 [J]. 山东外语教学，2003 (1): 99-103.

[40] 刘靖之. 神似与形似: 刘靖之论翻译 [M]. 中国台北: 书林出版公司，1996.

[41] 刘宓庆. 当代翻译理论 [M]. 北京: 中国对外翻译出版公司，1999.

[42] 刘宓庆. 翻译美学导论 [M]. 北京: 中国对外翻译出版公司，2005.

[43] 刘群. 基于句法的统计机器翻译模型与方法 [J]. 中文信息学报，2011 (6): 63 -71.

[44] 刘重德. 漫话中诗英译 [J]. 山东外语教学，2000 (1): 1-7.

[45] 卢军羽，席欢明. 汉语古诗词英译理论的构建: 述评与展望 [J]. 广东外语外贸大学学报，2008 (3): 76.

[46] 吕俊. 价值哲学与翻译批评学 [J]. 外国语，2006 (1): 52-58.

[47] 马祖毅，任荣珍. 汉籍外译史 [M]. 武汉: 湖北教育出版社，2003.

[48] 倪传斌，郭洪杰，赵勇. 论利用互联网搜索引擎协助翻译的科学性和可行性 [J]. 上海科技翻译，2003 (4): 53-55.

[49] 彭甄. 论译语本研究的对话性——翻译文学特质研究之一 [J]. 北京大学学报 (外国语言文学专刊)，1999 (s): 154-157.

[50] 钱冠连. 美学语言学——语言美和言语美 [M]. 北京: 高等教育出版社，2004.

[51] 秦婧. 从读者反应论来看Chad Hansen的《道德经》译本 [J]. 消费导刊，2008 (6): 214-216.

[52] 邵成军. 翻译批评管窥 [J]. 外语与外语教学，2003 (3): 60-61.

[53] 沈苏儒. 论信达雅——严复翻译理论研究 [M]. 北京: 商务印书馆，1998.

[54] 谭载喜. 翻译研究词典［M］. 北京：外语教学与研究出版社，2005.

[55] 唐金莲. 语料库翻译研究方法探微［J］. 邵阳学院学报：社会科学版，2008（6）：60-62.

[56] 田传茂，丁青. 中国当代翻译诗学的主要流派［J］. 河北建筑科技学院学报：社科版，2006（1）：64-67.

[57] 万兆元. 因特网辅助翻译［J］. 上海翻译，2008（3）：77-80.

[58] 汪榕培，王宏. 中国典籍英译［M］. 上海：上海外语教育出版社，2009.

[59] 汪榕培. 比较与翻译［M］. 上海：上海外语教育出版社，1997.

[60] 汪榕培. 为中国典籍英译呐喊［M］//汪榕培：典籍英译研究第二辑. 大连：大连理工大学出版社，2006.

[61] 王海峰. 互联网机器翻译［J］. 中文信息学报，2011（12）：72-80.

[62] 王宏. 典籍英译教材建设的新尝试——介绍本科翻译专业教材《中国典籍英译》的编写［J］. 上海翻译，2009（1）：42-44.

[63] 王宏印. 中国文化要籍译释"道可道，非常道。"［M］//汪榕培. 典籍英译研究第二辑. 大连：大连理工大学出版社，2006.

[64] 王宏印. 古诗文英译选析［M］. 石家庄：河北教育出版社，1998.

[65] 王宏印. 文学翻译批评论稿［M］. 上海：上海外语教育出版社，2006.

[66] 王宏印. 英汉翻译综合教程［M］. 大连：辽宁师范大学出版社，2002.

[67] 王剑凡. 中心与边缘——初探《道德经》早期英译概况［J］. 中外文学，2001（3）：114-116.

[68] 王克非，黄立波. 语料库翻译学十五年［J］. 中国外语，2008（6）：11-16.

[69] 王宁. 全球化时代的文化研究和翻译研究［J］. 中国翻译，2000（1）：12-13.

[70] 王宁. 视角：翻译学研究［M］. 第二卷. 北京：清华大学出版社，2004.

[71] 王鹏. 描写翻译研究及其方法［J］. 四川外语学院学报，2008（4）：96-99.

[72] 王爽，熊德兰，王晓霞. 基于实例的古文机器翻译设计与实现［J］. 许昌学院学报，2009（5）：88-91.

[73] 韦利. 老子［M］. 长沙：湖南出版社，1994.

[74] 温秀颖. 翻译批评从理论到实践［M］. 天津：南开大学出版社，2007.

[75] 文楚安. 一种翻译批评观：论文学作品的合格译者［M］//杜承南. 中国当代翻译百论. 重庆：重庆大学出版社，1994.

[76] 翁显良. 变相与变色［M］//《中国翻译》编辑部. 诗词翻译的艺术. 北京：中国对外翻译出版公司，1987：285-287.

[77] 肖维青. 自建语料库与翻译批评 [J]. 外语研究, 2005 (4): 60-65.

[78] 肖维青. 多元动态翻译批评的建构性研究 [D]. 上海: 上海外国语大学, 2007.

[79] 肖志兵. 亚瑟·韦利英译《道德经》的文化解读 [D]. 长沙: 中南大学, 2008.

[80] 辛红娟, 高圣兵. 追寻老子的踪迹——《道德经》英语译本的历时描述 [J]. 南京农业大学学报: 社会科学版, 2008 (1): 79-84.

[81] 邢军. 领域本体构造中数据源选取及构造方法的研究 [D]. 大连: 大连理工大学, 2008.

[82] 熊瑛. 十种《道德经》英译本的描述性研究 [D]. 武汉: 华中师范大学, 2005.

[83] 徐彬, 郭红梅. 计算机辅助翻译环境下的质量控制 [J]. 山东外语教学, 2012 (5): 103-108.

[84] 许钧, 袁筱一. 试论翻译批评 [J]. 翻译学报, 1997 (1): 18-21.

[85] 许钧. 文学翻译的理论与实践——翻译对谈录 [M]. 南京: 译林出版社, 2001.

[86] 许磊. 谷歌翻译凭啥跨越语言障碍 [N]. 计算机世界, 2011-03-08 (16).

[87] 许渊冲. 翻译的艺术 [M]. 北京: 中国对外翻译出版公司, 1984.

[88] 许渊冲. 谈唐诗的英译 [EB/OL]. (2009-11-17). http://www.yfta.net/view.asp?xxid=333.

[89] 杨晓荣. 翻译批评导论 [M]. 北京: 中国对外翻译出版公司, 2005.

[90] 杨自俭. 对比语篇学与汉语典籍英译——翻译研究的语言学探索序二 [M] //黄国文. 翻译研究的语言学探索——古诗词英译本的语言学分析. 上海: 上海外语教育出版社, 2006.

[91] 叶忠杰. 基于课程知识本体的智能答疑系统的研究与开发 [D]. 杭州: 浙江工业大学, 2007.

[92] 银花, 王斯日古楞, 艳红. 基于短语的蒙汉统计机器翻译系统的设计与实现 [J]. 内蒙古师范大学学报: 自然科学汉文版, 2011 (1): 91-94.

[93] 尹亮. 基于本体的信息系统建模理论研究 [D]. 长春: 吉林大学, 2005.

[94] 张柏然, 许钧. 面向21世纪的译学研究 [M]. 北京: 商务印书馆, 2002.

[95] 张冰. 基于领域本体的用户查询词扩展方法的研究 [D]. 成都: 西华大学, 2009.

[96] 张琪. 典籍英译研究在译学构建下的系统化 [J]. 赤峰学院学报: 汉文哲学社会科学版, 2009 (5): 103-105.

[97] 张文静, 梁颖红. 术语抽取技术研究 [J]. 信息技术, 2008 (3): 6-9.

[98] 赵文源. 关于典籍英译过程中的考辨——兼与卓振英和杨秋菊两位先生商榷 [J]. 中国地质大学学报：社会科学版，2006 (5)：104-108.

[99] 赵秀明. 我国西方译论研究的深化——评李文革《西方翻译理论流派研究》[J]. 中国翻译，2005 (3)：47-51.

[100] 赵毅衡. 诗神远游：中国如何改变了美国现代诗 [M]. 上海：上海译文出版社，2003.

[101] 郑海凌. 文学翻译学 [M]. 郑州：文心出版社，2000.

[102] 周小玲，蒋坚松. 基于语料库的翻译研究方法评析 [J]. 湘潭大学学报：哲学社会科学版，2008 (4)：155-158.

[103] 周仪，罗平. 翻译与批评 [M]. 武汉：湖北教育出版社，1999.

[104] 朱纯深. 走出误区，踏进世界——中国译学反思与前瞻 [J]. 中国翻译，2000 (1)：2-9.

[105] 朱芳. 试论翻译批评主体的多样性 [J]. 云梦学刊，2007 (12)：92-93.

[106] 朱健平. 翻译：跨文化解释 [M]. 长沙：湖南人民出版社，2007.

[107] 卓振英. 典籍英译：问题与对策 [J]. 汕头大学学报：人文社会科学版，2002 (3)：23-25.

[108] BAKER，M. Corpus linguistics and translation studies：implications and applications [C]. Mona Baker. Text and Technology：In Honour of John Sinclair. Amsterdam& Philadelphia：John Benjamins，1993：243.

[109] BASSNETT，S，ANDRE LEFEVERE. Constructing Cultures：Essays on Literary Translation [M]. Shanghai：Shanghai Foreign Language Education Press，2001.

[110] CATFORD，A C. A Linguistic Theory of Translation [M]. Oxford：Oxford University Press，1965.

[111] FENSEL，MCGUINNESS，et al. Ontologies and Electronic Commerce [C]. IEEE Intelligent Systems，2001 (16)：8-14.

[112] GELLERSTAM，M. Translationese in Swedish novels translated from English [J]. Lars Wollin & Hans Lindquist，Translation Studies in Scandinavia，CWK Gleerup，Lund，1986.

[113] GUARINO，N. Understanding，Building，and Using Ontologies [J]. Human-Computer Studies，1997，46：293-310.

[114] HOLMES，J S. The Name and Nature of Translation Studies [M] //Venuti，L. The Translation Studies Reader. London and New York：Routledge，2000.

[115] HUANG，LO，CHANG R.，CHANG S. Reconstructing the Ontology of

the Tang Dynasty: A pilot study of the Shakespearean-garden approach. 4th International Conference on Language Resources and Evaluation (LREC2004) Workshop on Ontologies and Lexical Resources in Distributed Environments (OntoLex 2004). Lisbon. Portugal. 29 May, 2004.

[116] LAVIOSA, S. Corpus-Based Translation Studies: Theory, Findings, Applications [M]. Amsterdam, New York: Rodip, 2002.

[117] MALMKJAER, K. Love thy neighbour: will parallel corporal endear linguists to translators? [J]. Meta, 1998 (4): 534–541.

[118] NEWMARK, P. A Textbook of Translation [M]. Shanghai: Shanghai Foreign Language Education Press, 2004.

[119] PURTINEN, T. Nonfinite constructions in Finnish children's literature: features of translationese contradicting translation universals [C]. Slaviance Granger ed.. Corpus-based Approaches to Contrastive Linguistics and Translation Studies. Beijing: Foreign Language Teaching and Research Press, 2007.

[120] TOURY, G. Descriptive Translation Studies and Beyond [M]. Shanghai: Shanghai Foreign Language Education Press, 2001.

[121] TURK, Z. Construction informatics: Definition and ontology [J]. Advanced Engineering Informatics, 2006 (2): 187–199.

[122] TYMOCZKO, M. Computerized corpora and the future of translation studies [J]. Meta, 1998 (4): 652–660.

[123] VANDERAUWERA, R. Dutch novels translated into English· The transformation of a minority literature [M]. Radopi: Amsterdam, 1985.

[124] WILKS, Y. Machine Translation: Its Scope and Limits [M]. Berlin: Springer, 2008.

附录A “道”的不同英文翻译

No.	Meaning	POS
1	be told/discussed /described/expressed	v
2	Cosmos	n
3	Dao	n
4	guide	n
5	harmony	n
6	heaven	n
7	Infinity	n
8	natural	adj
9	Reason	n
10	road	n
11	route	n
12	Tao	n
13	taoist	n
14	the Principle	n
15	Path	n
16	Principle of Nature	n
17	the Universe	n
18	way	n
19	the Way of Tao	n
20	words	n
21	life	n
22	the saints/sage	n
23	fate	n
24	masters	n
25	law	n

附录B “德”的不同英文翻译

No.	Meaning	No.	Meaning
1	gain	23	the manifestation
2	Te	24	The unchanging excellence
3	Integrity	25	outflowing operation
4	virtue	26	ideal
5	righteousness	27	life
6	good deeds	28	energy
7	power	29	love
8	character	30	harmony
9	De	31	insight
10	true	32	The ordinary
11	Teh	33	honors
12	Excellence	34	The action of the soul
13	virtuous	35	worthy
14	modcsty	36	Thc lifc forcc
15	attributes	37	spirit
16	enternal vitality	38	Understanding
17	virtuosity	39	everything
18	success	40	DEITY
19	the power of Tao	41	DEI
20	be attained	42	abstractions
21	moral	43	act
22	good	44	debt

附录C 自动抽取的未经人工干预的汉英对照中国文化负载词（部分）

DicCH	DicEN
战国楚竹书	Bamboo Slips of Chu during Warring States Period
玉藻	Jade-Bead Pendants of the Royal Cap
孔子诗论	Confucius & acute; Commentaries on the Poetry
士冠礼	Capping Ceremony
党正	The Magistrate
春官	Spring Ministry
豳风	Songs of Bin
载芟	Clearing Away the Grass
卫将军	General-chief of Wei
乐正	the music official
司徒	an official position in the Zhou dynasty
襄公三十一年	The Thirty-first Year of the Xianggong Reign
乡大夫	The Senior Official in the Village
左传	The Chronicle of Zuo
仪礼	The Study of the Rites
王制	Royal Regulations
周礼	The Rites of Zhou
学记	"Learning Record" of The Book of Rites
十三经	The Thirteen Classics
说文解字	Annotations on the Chinese Characters
诗三百	The Three Hundred Poems
诗经	The Book of Songs

附录D　机器翻译版《道德经（道经部分）》

（说明：此版本为本书第八章第一节中基于统计机器翻译《道德经》英译译文，完全由该部分研究实验所搭建系统自动生成，未做任何人工后编译。阴影部分为英文完全正确的句子，而译文中的中文和中文标点为系统训练错误造成的）

the tao that can be told，is not the eternal tao；

the name that can be，is not the eternal is the mother of all。

the origin of heaven and earth，is the mother of the beginning of heaven and earth；

the named is the，is the mother of the myriad things。

therefore：oftentimes，one is the origin of heaven and earth，of desire，behold its mystery；

the manifestations，will always perceive the boundary。

these two are the，but differ in name.the unity is said to be，they are named differently.their sameness is the。

mystery upon mystery，the，the door to all marvels。

if everyone understands the beautiful as beauty, there to be beautiful. thus is, , there arises the recognition of ugliness;

when people see some things as good as good, , 斯不善 to over-flowing is not as good as。

therefore : being and non-being produce each other; difficult and easy, each other. difficult and easy, each other. high and low, other, high and low, and voice harmonise, with each other; before and after, front and back follow one another。

therefore the sage manages affairs without ado, and the things of ill omen favor the, teaches without employing words;

the ten thousand things are done without words. create and, not possess., to his contribution; and, its work, but does not dwell on。

it is, thus, the sage, never ceased, by which we may。

do not exalt the, worthy, so that the people;

do not value goods that are hard to get ., , so that the people shall not steal;

do not display objects of desire, that can be named is not the people's hearts will not be, you will cause the people's hearts will not be agitated。

therefore the sage in the government of the, their bellies, weakening their ambitions, , the abdomen, gentling the will, , their determinations, strengthens their bones, their bones。

and always keeping the people innocent of knowledge and。

those who scheme will not dare to meddle。

practice non-ado, and, , there is no lack of manageability。

the tao is empty : used but, , but use it, there is no overflowing that he is。

infinitely deep, it is the, . to be the origin of all things;

it is hidden but always present, seems to exist。

i do not know whose child it is. it is older than any conception of god, it is the forefather of。

heaven and earth are impartial; they, , the sage, the ten thousand things as straw dogs;

the master doesn ′t take sides; , the people as straw dogs。

the space between heaven and earth, and earth is like a bellows and flutes ??

empty, and yet it, it is never exhausted., from the inert, the more it yields。

too many words will bring about exhaustion., it is better to hold on to the center。

the spirit of the valley of the valley never dies. it is, is called the subtle and profound female。

the doorway of the, this is called the root of heaven and earth。

lingering like gossamer, it is always present and inexhaustible, use it, and it will never wear it out。

heaven and earth last forever。

the reason it can never die. why is it ., is it not because they do not live for themselves, is the reason they can live long。

therefore the sage puts himself last and finds himself in the;

an outsider yet finds himself in the mainstream。

is it not because they are without thought of self ? 故 he is able to are fulfilled。

the highest good is like water。

water benefits all things and does not contend. it, with them. it gathers in places that, , and therefore is close to the tao that can be。

in dwelling, live close to the, to the simple. in conflict, be, , , , be competent. in, in government, he is, the things of ill omen favor the value in effort is timeliness, what you enjoy. in family life, 。

it is precisely because he does not compete that, , and there will be no blame。

it is easier to the brim, is not as good as stopping in;

oversharpen the blade, and, does not last long。

when gold and jade, your hall, you will not be able to keep them safe .;

to be proud with wealth and position bring arrogance. and leave upon oneself disasters, is to cause one's own downfall。

withdraw as soon as your work is, the work is done. this is the way of heaven。

and embracing,, can one be without straying ?

can you concentrate your vital force to achieve,, can you be like an infant ?

can you cleanse, vision, can you do it spotlessly ?

can you love the people and the people and govern the state, the people and ruling the nation.can one be without manipulation ?

in opening and shutting nature's gates, remain,, can you play the role of the ?

can you understand all things ?,, can you do it without knowledge, can you ?

thirty spokes, a single hub; it is on the, to form a utensil, but it is the origin of heaven and earth, it is the center hole that the use of the。

we shape clay into a, to form a utensil, but it is the origin of heaven and earth, there is the use of the。

doors and windows are cut, to form a utensil, but it is the origin of heaven and earth, the named is the use of the。

therefore, take advantage of what is, is not there defines its use it, and。

the five colors blind the eye;

the five tones deafen the ear;

the five flavors dull the taste;

racing and hunting, madden the mind;

too much wealth causes crime ., that are hard to get will obstruct。

therefore the sage the belly and not the eyes., satisfy the source of these。

favor and disgrace cause one dismay, the left in civilian life, but what we fear are within our self ?。

what does this mean favor and disgrace cause one dismay ?

when favour is bestowed, what is meant by being apprehensive when receiving favour or disgrace., be apprehensive when you, this is called favor and disgrace cause one dismay。

what does this mean what we fear are within our self ? ?

the reason i have great trouble is that, is that i have a body. if i have no, have the self.if i have no body, what, i have ?

therefore he who values the world as his self may then, be entrusted with the government of the world;

he who loves the world as his self may then be, can be entrusted with the。

look for it, it cannot be seen – it is, it is called the distant;

listen for it, it cannot be heard – it is, it is inaudible;

grasp, it cannot be held, can't be caught。

these three cannot be further, they are blended and handled as one。

its highest is not bright.,, its underside is not dark。

infinite and boundless, it is the mother of all, it returns to nothingness。

this is called the shapeless shape,,, the image of the, this is called the vague and elusive。

approach it and you will not see its 首; 随之 do not display objects of desire, you will not see its back cannot be。

yet, equipped with this timeless tao, the present existence。

to know the ancient origin is to, is the essence of。

the tao, the sages of old were scholars who, profound and, not be understood we can do is describe their appearance。

this is the picture, all we can do is describe them by appearances :

they were crossing a river in winter stream in winter;

alert, like one vigilant when threatened by neighbouring;

courteous, like a;

yielding like ice on the;

genuine, like a piece of;

open, like a;

turbid as muddied;

who can make the still gradually clear through tranquillity 清;

who can remain still until the moment of action arises by。

the master doesn't seek fulfillment, being free of desires, there is no overflowing that he is。

it is precisely because there is no overflowing that he is, he is beyond wearing out and renewal。

empty yourself of everything., to the truest。

all things come into being, and,, and i see thereby their return。

they flourish, then, that luxuriantly grows but returns to the root from which it springs。

to return to the root is to one's destiny, is called returning to one's。

to realize one's destiny is to find the eternal law . to, to know the eternal law is enlightenment。

not knowing the constant is, of evil deeds because we have。

to know the norm is tolerance., is impartial., to be just is to rule. sovereignty, to be just is to be kingly, you will act royally., the tao that can be in accord with, 没身不殆。

the best, do not know its name is there;

the next best are those, who is loved and praised;

the next best are those, the one who is feared;

the next best are those, one who is despised。

if you don't trust the people will not be able to command faith, the named is not。

the best ruler rules without fanfare .。

the things of ill omen favor the work is done, without unnecessary, everyone : all, say : all this happens。

when great tao is neglected, there, there will be artificial;

when intelligence and, , great hypocrisy;

when family relationships are not in harmony, filial piety and, , filial piety and;

when a country is in disorder, there will be, into chaos. politicians become " patriotic。

throw away holiness and wisdom, and, , and people will benefit a hundredfold;

throw away charity and righteousness, and, the people will return to natural love the people will return to filial;

throw away industry and profit, and there will be no thieves or robbers, no longer。

these three things are ornaments and are not, and are inadequate。

the essence : see the simplicity, reduce selfishness, and :, have few desires. abandon learning and there will be no sorrow ., you will have no distress, , and vexations。

how much difference is there between "yes" and "no", "and" o ?

when people see things as beautiful, how much difference is there between "good" and "evil", 相去若何 ?

must i fear what others fear what others avoid?, 不可不畏。

what a dark wilderness, ! how limitless it is !

the multitude are merry, as though, sacrificial feast. as if in spring, climbing, or a spring carnival。

i alone am drifting, not, like an unselfconscious; 沌沌兮, be like an infant who has yet to smile, 孩; 儽儽, it cannot be, has no home to。

other people have more than they need, , but i alone seem to be。

i am a fool. the heart of a fool, besides !

others are clear and bright, , people are bright; i alone am。

others are sharp and clever, , i alone am dull。

other people have what they need; i alone seem to be stubborn and, , but i alone am unpractical, like a。

i am different from others, value the nourishing mother, the great mother's breasts。